Pose change ＊ポーズチェンジ

ひじがまがる！

お座りできる！

姿勢がいいでしょ

後ろ姿もきれい！

ひとりで立てる！

Varié Doll

ヴァリエ ドール 変化を楽しむ布のお人形

長い間カントリードールを作ってきた私は、
優しくあたたかい布の魅力を生かして
もっと遊べる新しい布人形を作りたいと考えました。
身近な布を使うのですから、道具も特別なものは必要とせず、
できるだけ針と糸で作れるように、
でも、ドール自体はいろんな変化が楽しめて、
くりかえし遊べるように工夫しました。

このお人形は、関節を持ち、立つこと座ることができます。
顔やひじも自由に角度がつけられます。
また裸でも飾っておくことのできるプロポーションを持ち、
さまざまなデザインのドレスを着こなすことができます。
そして顔替え（ヘッドチェンジ）ができます。
頭部が独立した作りで、固定されていないため、
顔を自由に取り替えることができるのです。
（抵抗があれば縫いつけることもできます）

作り手によって無限の変化をするこのお人形に、
私は『ヴァリエ ドール』と名づけました。
ヴァリエとはフランス語で「変化」を意味します。
初めは頑張ってひとつのボディにお顔をふたつ作ってみましょう。
『ヴァリエ ドール』の楽しさは、ふたつ目のお顔を作ったとき
初めて実感していただけるでしょう。
あなたに新しく楽しいお人形遊びのひとときが
訪れることを願っています。

斉藤　千里

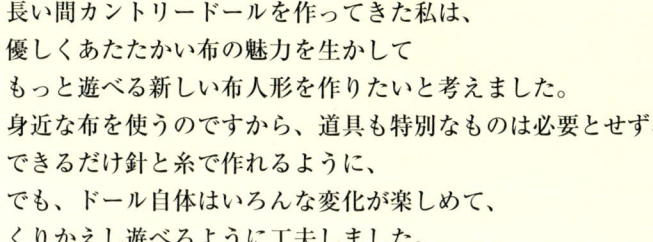

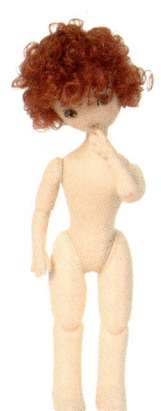

困ったポーズ、

腕が上がる！

さっそうとウォーキング

祈ったり…

脚を組んだり…

いろんなポーズができま～す！

Contents

人形とドレスのデザイン・スタイリング・詩・30Pイラスト…斉藤千里
http://www.tcat.ne.jp/~variekko/
撮影…渡辺華奈
ブックデザイン…前川デザイン事務所
版下…二宮知子
原稿整理…大塚圭子　編集協力…小笠原裕子
編集担当…石坂文子

★この本は、斉藤千里オリジナルのお人形とドレスの
作り方をご紹介することが、主な目的です。
●人形…表紙＝シンシア

Dress change ＊ドレスチェンジ　シーンチェンジ＊ Scene change

「四季のうた」
12か月の少女たち

April

*4月の暮らし
春のコンサート

←ミントグリーンが
お似合いのコニー。
スカートのまわりを
囲む楽譜は、
ママが徹夜で
刺しゅうしてくれたの。
曲は「おかあさんの
やさしい手」。

音符の並びが
きれいな曲を選んで…。

→おすまししたローラ。
今日のために用意した
華やかなピンクの
シルクシャンタンの
ドレスです。

↓バッグ・ベルトは、
ハイミロンという生地で作りました。
ベルベット風ですが、
ほつれないので、扱いがらくです。

ミントグリーンのワンピースのセット
作り方46ページ

白のショーツ＋白のミニスリップ＋白のタイツ
＋ミントグリーンのワンピース＋黒のベルト
＋ミントグリーンのベレー帽
＋黒のワンストラップの靴＋刺しゅう入り黒のバッグ

ピンクのワンピースのセット
作り方47ページ

ピンクのショーツ＋ピンクのブラ
＋ピンクのペチコート
＋白のストッキング＋ピンクのワンピース
＋ピンクのクローシェ帽＋ショート手袋
＋白のバッグ＋白のワンストラップの靴

下着は、それぞれのドレスの
雰囲気に合わせてデザイン。
ストッキングも手作りします。

←ピンクのブーケは、小さな造花をまとめ、
レースやリボンをあしらって。

春一番の楽しみは
クラッシックのコンサート
装いはずみ　胸はずみ
小鳥もつられて　唄いだす

May

*5月の暮らし
休日の朝

←大好きなパンが
いっぱい
どれにしようかな…
おねぼうした休日の朝、
サラは
ブランチのパンを買いに
近所のパン屋さんへ。

青い小さなバラ模様の
リネンのワンピースと
針抜きの
オーガニックコットンの
カーディガンという
ナチュラルテイストの
組み合わせです。

→これから
お花屋さんにも
寄っていこうかしら。
おいしそうな
フランスパンを
抱えて…。

青の花柄
ワンピースのセット
作り方49ページ

白のショーツ＋白のキャミソール
＋青の花柄ワンピース
＋カーディガン＋ルーズフィットのソックス
＋レースアップシューズ＋フランスパン＋紙袋

↓ベージュのレースアップシューズは
ひもの結び方で変化がつけられます。

→フランスパンは、
綿のキルト芯を
紅茶とコーヒーで染めて、
本物そっくりに作ります。
紙袋も手作りで。

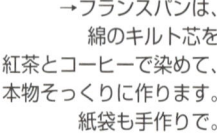

白のショーツにキャミソールのセット。
おそろいのブルーのリボンがポイント

白いお花を　くるくると
輪にするリースの楽しさに
焼きたてパンの香りさえ
袋の中から　出られない

June fresh green

*6月の暮らし

→さっきまで
降っていた雨が、
あがりました。
虹が見えるかな？
傘の模様のような…。
初夏の空気の中で
リフレッシュする
エリカ。

←インナーの
ワンピースは、
白黒のドット柄が
さわやかです。

ペットのコッティ*は、
小さなスコッチテリア。
エリカにとっても
なついています。

水色の
レインコートの
セット

作り方50ページ

ブルーチェックのショーツ＋ブルーチェックのブラ
＋白黒ドット柄のワンピース＋白のストッキング
＋水色のレインコート＋白のブーツ＋傘

→コッティも
ブルーのリボンで、
トータル
コーディネート。

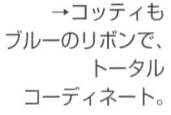

←レインコートと
おそろいの生地で、
ミニチュアの傘を
張り替え、
虹の色を山道テープで
あしらいました。
雨の日の必需品・
ブーツは
ソフトレザーの白。
足元のおしゃれも
忘れません。

ブルーチェックの下着の上に
気持ちよく着重ねます

若葉のささやき　草いきれ
胸いっぱいに　吸い込んで
小さな蛙も　この草と
おんなじ輝く　みどり色

July

**＊7月の暮らし
夏祭り**

←古いお花屋さんの前で。
「お母さまにお土産
買おうかな…。」
仲良し姉妹の
妹アイコ（左）と
姉マイコです。

→古めかしい格子戸に
さそわれて
昭和の世界へ。

ゆかた地は
専用のものでなくても、
パッチワーク用の
木綿地などで
充分雰囲気のあるものが
見つけられます。
柄の大きさに注意して
選びましょう。

ゆかたのセット
作り方52ページ

（左）ブルーチェックのショーツ＋補正用ガーゼ
＋紺のゆかた＋黄色の帯＋帯板＋黒の下駄
（右）白のショーツ＋補正用ガーゼ
＋白地のゆかた＋赤の帯＋帯板＋桐風の下駄

↓バルサ材で作った下駄は
鼻緒が浮いているので、
指のない足のドールにも履けます。

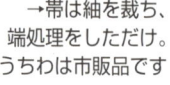

→帯は紬を裁ち、
端処理をしただけ。
うちわは市販品です

肩をなで肩にし、
くびれたウエストを太くするため、
ガーゼで補正します。

軒下　ほおずき　かぜ風鈴
ふりむく姉の　手をにぎり
暗くなるのを待ちかねた
はやる心の　夏祭り

August *8月の暮らし
船の旅

真夏の小旅行は、
ペア感のある
麻混のマリンルックで、
暑さに負けない
シャキッとした装いを。

これから始まる
旅のパンフレットを
しっかり確認して
ワクワクドキドキの二人、
くるくる巻き毛が可愛い
ジーンとコニーです。

→おそろいの
白い旅行かばんは
2人で一緒に選んだの。
海を見ていると、
なつかしい気持ちに
なるのはなぜ？

マリンルック・ボックスプリーツの ワンピースのセット

作り方54ページ

（左）白のショーツ＋白のブラ
＋ボックスプリーツのワンピース
＋ストレートソックス＋白のTストラップの靴
＋白の旅行かばん

マリンルック・紺のワンピースの セット

作り方55ページ

（右）ブルーチェックのショーツ
＋ブルーチェックのブラ＋紺のワンピース
＋薄手の三つ折りソックス＋白のワンストラップの靴
＋セーラーハット＋白の旅行かばん

帽子は、市販の
ドール用セーラーハットの
つばを切り、
白のスプレーを吹きつけます。

かばんは、ドールサイズの
バスケットに
白のスプレーを吹きつけ、
革で持ち手を作ります。

ストレートのソックスと
三つ折りソックスは
欠かせない。
余分に作ると
心強いアイテム。

潮の香りは　異国への
まだ見ぬ夢を　かきたてる
青と藍との　さかいをすべる
白いお船に　身をゆだね

September *9月の暮らし
森の中へ

9月の涼しい風が
吹き始める頃、
カントリー風の
エプロンドレスで
シンシアは森へ出かけます。
赤い実を
見つけられるかしら？
森の中の小さなベンチで
ひと休み。

←花柄ガーゼ地の
ワンピースの上に
同系色のギンガムチェックの
エプロンを重ねています。
胸元には
ルーマニアンローズの
刺しゅうで
さりげないポイントを。

ブルーベリーの実が欲しいの？
小さな動物たちが集まってきました。

ワイヤーのかごに、木毛と、
小さな卵を3〜4個。

ボンネットのブリムは
チェック地をバイアスに使います。

エプロンドレスのセット
作り方56ページ
白のドロワーズ＋白のロングスリップ＋
＋花柄ガーゼ地のワンピース＋ギンガムチェックのエプロン
＋レースアップシューズ＋パープルのボンネット

→靴は5月のものと同じ。
ひもはクロスして
後ろで結びます。

下着はドロワーズにロングスリップ。
エプロンドレスにふんわり
ボリュームを持たせてくれます。

深い森への　道しるべ
迷い人への　道しるべ
あたりが暗く　なる前に
灯りをともして　おきましょう

October *10月の暮らし
長い夜

厚手の木綿地
（フィードサック）に
レースを
たっぷり使って
仕上げたナイティは、
胸もとのピンタックも
クラシックな雰囲気。

→おやすみシンシア。
明日もいい一日で
ありますように…。

眠りごこちの
良さそうなおふとんも
手作りして
あげましょう。

小さなペンダントで
胸元に輝きを。
人間のブレスレットほどの
大きさです。

大好きな絵本をめくるひと時。
アンティークのいすもお気に入り。

ナイティのセット
作り方58ページ
おふとんセットの作り方
38ページ

ブルーのショーツ
＋レースのアンダードレス
＋ナイティ＋ペンダント
＋敷マット＋オーバーシーツ
＋掛けぶとん＋まくら

ミニチュアの
コーヒーカップのセット。
繊細なバラの絵が素敵。

アンダードレスはシンプルなAライン。
すそにあしらった
アンティークレースがポイント。

ブルーのトリコットのショーツは、
ちょっぴりセクシー？

昔の人の　ランプには
昔のままの　輝きが
昔のねまきに　身を包み
昔の夢を　みられたら

November *11月の暮らし
夕暮れの色

冬の肌寒さを
感じ始めた日、
エリカは
ママにマフラーを
出してもらいました。
コッティのお散歩には、
これがなくっちゃね。
「コッティ今日は
どこへ行く？。」

←プリンセスラインの
ジャンパースカートは、
あたたかそうな色の
チェックで。
黒のタイツや
ハイネックとの
相性バツグンです。

→あたたかいお部屋で、
おやつタイム。

エリカに合わせて
コッティのリボンと
リードも
赤をセレクト。

↓スカートには、
フェルトのアップリケを
あしらって。

チェックの ジャンパースカートの セット

作り方59ページ

白のショーツ＋白のキャミソール
＋黒のタートルネックセーター
＋チェックのジャンパースカート
＋黒のタイツ＋黒のワンストラップの靴
＋黒のマフラー

→マフラーの先には梵天を。
黒でまとめたセットです。

ミニチュアの
おかしのパッケージ。
手作りもできます。
41ページを見てね。

黒いマフラー　風ふさぎ
茶色い落ち葉は　風まかせ
赤いスカート　手でおさえ
茜の空を　見上げてる

December *12月の暮らし
聖なる夜に…

←パーティの支度をする
ジーン。
ちょっぴり背伸びした
ドレス、似合うかしら？
大人っぽい黒のタイトな
ワンピースに
羽毛飾りのショールを
はおります。

→「コッティ、
今日はお留守番よ」
エリカは真っ赤な
ボレロセットです。
アクセサリーも
赤で統一して、
クリスマスらしさ
たっぷり。

↓パールをあしらった
チョーカーや、
黒のロング手袋で
ドレスアップ。

二人の雰囲気に合わせて、
赤いドットの下着は赤い縁取りを。
黒の下着はレースモチーフでポイントを。

ブローチは小さな赤い梵天で作ります。
おそろいのヘッドドレスのヒモは
細いスェードです。

黒のタイトなワンピースのセット
作り方60ページ

黒のショーツ＋黒のブラ＋黒のストッキング
＋黒のタイトなワンピース＋パールのチョーカー
＋黒のセンターボタンの靴
＋黒のロング手袋＋羽毛飾りのショール
＋黒のミニバッグ

赤のワンピースとボレロのセット
作り方61ページ

白赤ドット柄のショーツ＋白赤ドット柄のブラ
＋赤のストッキング＋赤のノースリーブのワンピース
＋赤のボレロ＋赤い実のブローチ
＋黒のワンストラップの靴
＋赤のヘッドドレス＋赤のバッグ

聖なる夜に　贈ります
あの子のいちばん　好きなもの
四角い箱に　閉じ込めた
まあるい心の　あたたかさ

January

*1月の暮らし
お正月

大正ロマンを意識した
ギャザーたっぷりの
キャラコのエプロンと、
大きなリボンの
髪飾りがポイント。
白いタイツに
黒い靴がお似合いです。

→姉妹で
額を寄せ合って
なんの相談？
楽しそうな
おしゃべりが
聞こえてきます。

↓ひと通りの少ないお正月の街。
晴れ着でおすましする二人。

リボンには造花や羽毛を
飾って豪華に。

ちょっとお転婆？
お母さまはいつも心配するけれど
ここは二人のお気に入りの場所。

縮緬のワンピースのセット（2点とも）
作り方63ページ

白のショーツ＋白のタイツ＋ドロワーズ
＋縮緬のワンピース＋キャラコのエプロン
＋（左・青）花飾りの髪リボン、（右・橙）羽毛飾りの髪リボン
＋（左・青）黒のワンストラップの靴、
　（右・橙）黒のセンターボタンの靴

化繊の縮緬は色がきれい。

年の初めの　ついたちは
綺麗な晴れ着　身につけて
階段おりて　父さまに
明るいあいさつ　いたします

February

*2月の暮らし
明日はバレンタイン

赤いギンガムチェックは、
永遠の少女の憧れ。
白いお花の
トリミングテープを
ポイントに
あしらいました。

←ひと足お先に
できたてのケーキを
お味見…。
おいしくできたかしら?

フェルトで作ったケーキ。
レースペーパーは
白い紙を工作感覚で
切って作ります。

チョコは湯せんで溶かします。
火は強すぎないようにね。

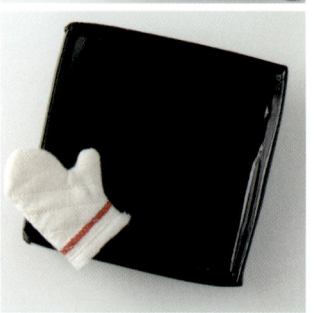

ギンガムチェックの
ワンピースのセット

作り方64ページ

白赤ドット柄のショーツ+白赤ドット柄のブラ
+ギンガムチェックのワンピース+白のエプロン
+厚手の三つ折りソックス+三角巾+スリッパ
+キッチンミトン+天板+チョコレートケーキ+レースペーパー

厚紙で作った天板にエナメルの
ソフトレザーを張り、リアルに。
キッチンミトンも大事な小物。

赤いスリッパにはフェルトで作った
白いお花が映えます。
小物にこだわって、雰囲気を作りましょう。

心をこめて　粉をまぜ
心をこめて　卵割る
オーブン閉めたら
そのあとは
ひたすら炎に　託しましょう
お菓子作りのよろこびは
ふんわりただよう　この香り

March

*3月の暮らし
永遠のプリンセス

窓の向こうに確かな春の気配を見つけて…。

ブルーグラデーションの生地に
銀のビーズをちりばめた、
3月の明けの空を思わせる
オーバードレスを羽織ります。

やわらかな光、あたたかい風、慈愛に満ちた春の訪れを全身に感じて、
プリンセスのドレスに身を包んだ、シンシア。
淡いブルー地にビーズブレードが映える、シンプルなドレスです。

ロングドレスのセット

作り方66ページ
ブルーのショーツ＋白のストッキング
＋ロングドレス＋オーバードレス＋白のロング手袋

ティアラとロング手袋は、
プリンセスには
ぜひ揃えてあげたいアイテム。

オーバードレスは麻の
和風の生地です。
シルバーのビーズで輝きを添えて。

めぐる季節の　歓びに
永遠の命の芽吹くとき
ここから始まる
新たな四季を
讃える鐘が　響きます

Varie Doll making ＊ヴァリエ ドールを作りましょう

ヘッドと、ボディ（胴体＋脚＋腕）に
分けて作ります。
制作ノート（40・41ページ）を
合わせてお読みください。

◯ 印は、可動する箇所です。

顔 （造作）
目と口、まゆは、刺しゅうで作ります。
立体感のある顔立ちに仕上がります。
頬は色鉛筆でやさしく塗ります。

鼻 綿棒を使い、布人形では難しかった
鼻の高さを出しています。

首 中心にバルサ材を通すことで
しっかり安定し、
ヘッドの差し替えが簡単です。

手首 内部のワイヤーで、
微妙な角度をつけることが
できます。

手 指が5本あるので、
表情がつけられます。
中指と薬指はくっついています。
親指が独立した作りなので、
自然に見えます。

ヒップ ふっくらとした、
割合大きなヒップです。
スカートにボリュームがつき、
可愛く見えます。
座った時のラインがきれいです。

股の角度 鋭角にすることにより、
大股開きにならずにお座りできます。

足 足底にアルミのパイストーンを
入れます。
重さを持たせることで
自立を助けます。
靴をはかせることで
さらに安定します。

髪 カントリードール用のヘアーや
絹のレース糸などで作ります。
毛束をグルーガンで貼りつけるので、
手軽にできます。

ヘッド ヘッドチェンジができます。
即座に別の子に変身できて、
遊びの楽しみが広がります。
また着せ替えが簡単です。
顔の角度を自由に変えられるので、
豊かな表情の演出ができます。

肌・ボディ 肌色の綿フラノ地を、
紅茶染めしてから仕立てます。
詰め物はポリエステル綿です。
手触りがソフトで、
少女の水密桃のような肌が
表現できます。

肩関節 テディベア用のジョイントを、
布でくるんで使います。
腕が自由に動くので
着せ替えやすく、
ポーズが自由にとれます。

ひじ 腕の内側にワイヤーを通し、
ひじの内側に縫い目を入れて
見切ることで、
とても自然に曲がります。

ウエスト 前側・背中側に
4本のダーツを入れることで、
ほっそりしたウエストに
仕上がります。
お洋服が可愛く着こなせます。

脚・股関節 肩と同じように、
ジョイントを布でくるんで使います。
立ち座りが自由にできます。

ひざ 糸でくぼみをつけることで、
ひざ小僧の可愛らしさを表現します。

「メグ」と「マヤ」(99P) の作り方

■材料　ボディ1体分・布は顔1個分を含む

肌色綿フラノ地（カラーネル）
横47cm×縦65cm

ポリエステル綿
（弾力のあるもの）
約100g
（写真は一部）

アルミ製の
バイストーン
約40g

バルサ材の丸棒
直径15mm×17cm

キルト芯
横8cm×縦6cm

紅茶ティーバッグ2個
（お湯400cc）
湯通しして絞り
紅茶液で染め、
乾燥後軽くアイロン

テディベア用
ハードボードジョイント
（割りピン・
ワッシャー・
ディスク）
直径50mm 2組
直径25mm 2組

色鉛筆
（頬用ピンク、
オレンジなど）

25番刺しゅう糸
（顔用）
茶色・黒・
生成りまたは白・
こげ茶色・
ピンク各少々

ほかにボンド、
ミシン

厚紙
厚さ約1mmを横8×縦7cm

紙軸に綿がしっかり巻いてある綿棒
（鼻用1本＋指用に頭10個）6本

20番造花用
ワイヤー（白）
1本

26番造花用
ワイヤー
（茶色）1本

＊綿球の大きい「シャワー用綿棒」
を使うと鼻が高くなる

ほかに生成りのパッチワーク用
手縫い糸
ベージュの20〜30番縫い糸

ヘアー素材
カーリータイプ
（メグ1体分）
赤茶色1袋
クレープタイプ
（マヤ1体分）
ライトブラウン2袋

メグ

マヤ

時間で消えるチャコペン
チャコエースファインマーカー
細（紫）アドガーが使いやすい。
鉛筆は黒ずむので
（特に顔は悲惨）使わない。

■道具

紙切りハサミ

布切りハサミ

糸切りバサミ

マチ針

鉗子

目打ち

ピンセット

5mm程度の縫い針、
9mm程度の長針

グルーガン
グルー

ラジオペンチ
または
コッターキー

綿詰め用の細い棒（菜箸など）

■ボディの作り方　裁ち合わせ図38ページ

●胴体の布を裁ちます
準備の都合で青ペン
を使っています

布目

1 型紙を用意し裁ち合わせ図を参考に
布目の方向に注意して型紙を写し、
胴体に縫いしろを5mmつけて裁つ。

●胴体を作ります

2 ミシンの針目を1.8mm程度に調節し、
胴体前側・背側のウエストダーツを、
始めと終わりに返し縫いして、縫う。

3 背側の2枚を中表に合わせ、背中心
（首から縫いどまりまで）を縫う。

4 縫いしろをアイロンで割り（開き）、
ヒップダーツを縫う。

5 胴体前側と背側を中表に合わせ、
A〜Bまで、C〜Dまでを縫う。
縫いしろを割っておく。

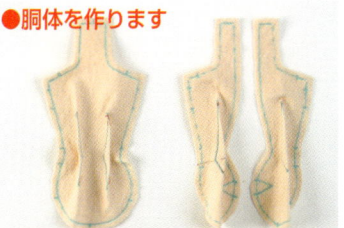

6 肩マチを三角に折りたたみ、縫う。
首の仕上がり線を一周ぐし縫いし、
糸をきつく引いて、絞りとめる。

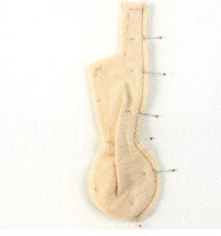

7 カーブに切り込みを入れ、返し口か
ら表に返し、菜箸などで形を整える。

8 バルサ材の一方の端に、キルト芯を
一周巻き、糸で縫いとめる。先端は
ぐし縫いして絞り、とめる。

9 胴体の首部分にキルト芯を巻いた側をさしこみ、バルサが胴体の中心に来るよう、バランスよく綿を詰める。

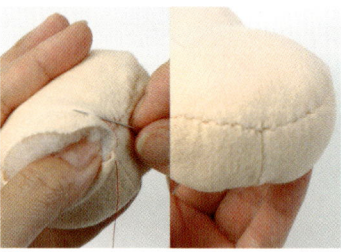

10 綿つめが弱いと胴体がゆがむので注意。返し口をコの字はぎ（66ページ参照）ではぎ合わせる。

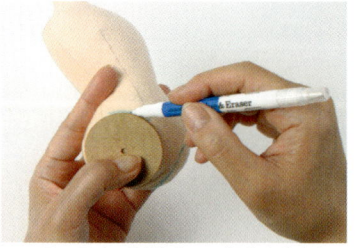

11 B・D点（綿詰め口の起点と終点）を中心に、50mmのジョイントのディスクを当てて、円を描く。

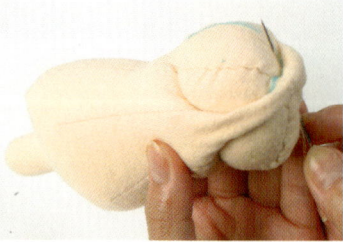

12 長針に太糸を2本取りで80cm程度通し、描いた円上を胴体の左右両側に針を突き通し…

●胴体が完成しました

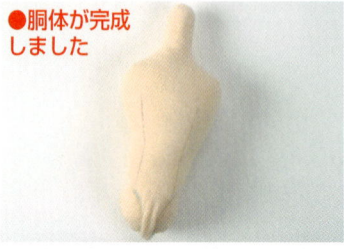

13 糸を引きながらぐし縫いして、脚をつける半球状の土台を作っていく。

●脚を作ります

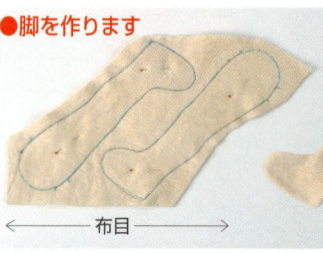

14 中表2枚重ねた布に、脚の型紙をのせて写し、線上を縫うが、詰め口は縫い残し、縫いしろ5mmで切り、

布目

15 カーブに切り込みを入れ、表に返す。菜箸などで形を整える。厚紙を足底型に裁って入れ、重しを半量入れる。

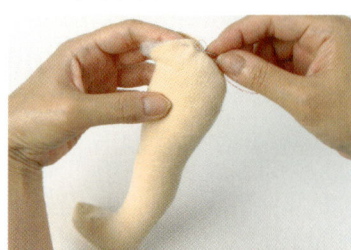

16 綿をつま先からももまでしっかり固く詰め（脚2本で約50g）、終わったら綿詰め口をコの字はぎでとじる。

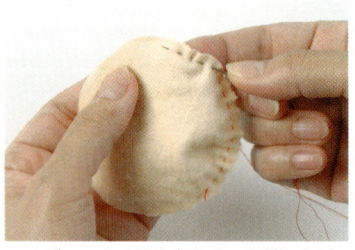

17 ディスクくるみ布を5mmの縫いしろでぐし縫いしてディスクをくるみ、糸を引き絞ってとめる。

18 4枚の50mmのディスクすべてを、同じようにくるむ。くるんだディスクの中央に目打ちで穴を開け、

19 ぐし縫い側を外側にしてワッシャー→ディスク→ディスク→ワッシャーの順に重ね、ピンを通す。

20 ジョイントについている説明書を参考に、ピンの先をラジオペンチなどでしっかり巻き締める。2組作る。

21 脚の内側の上縁に合わせてディスクの巻き上げた面を押しつけながら、コの字はぎで縫いつける。このとき

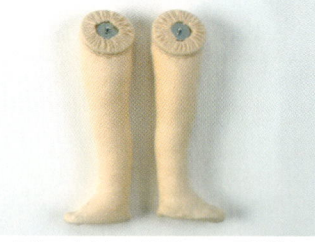

22 足先の向きにも注意して、反対側も対称形になるように作る。両脚内側にジョイントがついた状態。

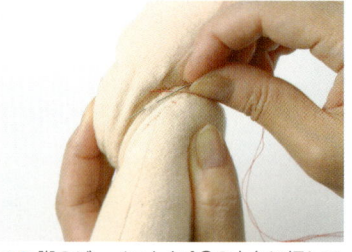
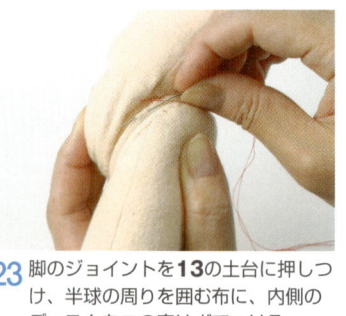

23 脚のジョイントを**13**の土台に押しつけ、半球の周りを囲む布に、内側のディスクをコの字はぎでつける。

●胴体＋脚が完成しました

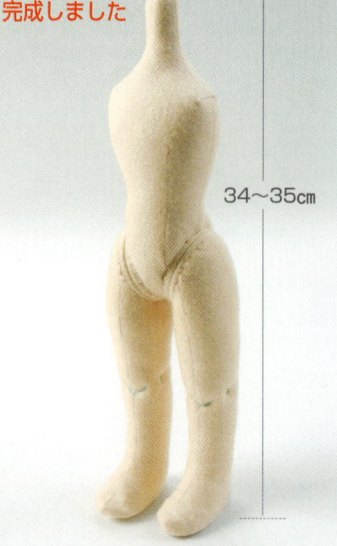

34〜35cm

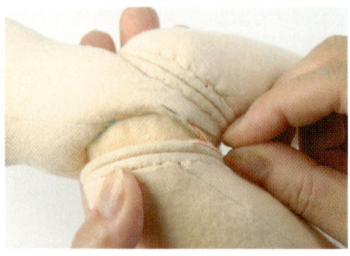

24 もう一方の足も、同様に胴体に縫いつけるが、左右のバランスをみてつける。立ったり座ったりさせてみる。

25 膝は膝下と膝裏に目安線を下描きし、太糸で裏から針を入れ、膝のお皿の下と、膝の裏の線を交互に刺す。

26 膝の両脇にも数回針を通して、立体的な膝に整える。

27 ひざができた状態で立たせてみる。明らかにガタつく場合はジョイントの糸を切って再トライ！

●腕を作ります

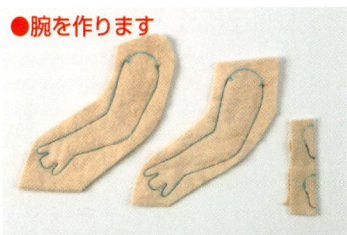

28 腕と、親指布とは、中表に型紙線上を縫い止まりまで縫う。手先は特に針目を小さく（約1.6mm）慎重に縫う。

29 縫いしろ3mm、指先は2mmで裁ち、慎重に切り込み、鉗子かピンセットで表に返し、目打ちなどで整える。

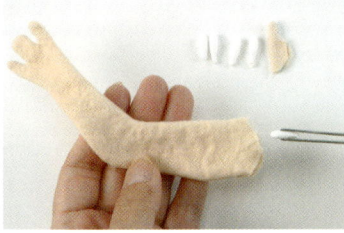

30 綿棒の綿球を10個切り、ピンセットで指先に1本ずつ、中指薬指は2本詰める。手の甲側を表に向け、

31 重ねて綿を菜箸などで奥まで詰め、残りは指で詰める。腕はややゆるめがよい。綿詰め口をコの字はぎする。

*縦まつり（66ページ参照）

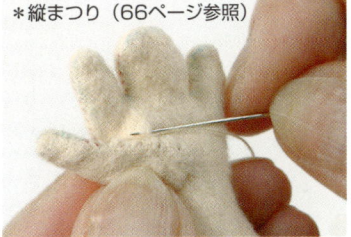

32 親指を表に返し、綿棒の頭をピンセットで詰める。手のひらに親指のつけ根（拇指丘）を縦まつりし、

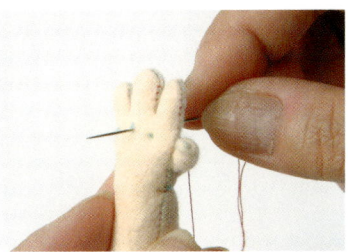

33 糸を続けて、手の甲のえくぼ、中指と薬指の境目、指のつけ根を、両面、バックステッチで縫い入れる。

34 腕のジョイントを脚用と同様に作る。腕がスムーズに動くようピンの巻き方はややゆるめにする。

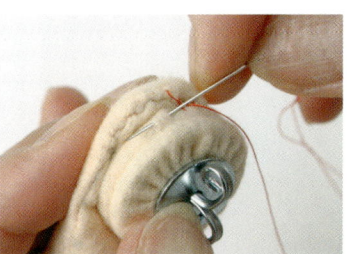

35 巻き上げたピンのない方を腕側にし、腕の上縁に合わせて、めり込むまで押しつけ、コの字はぎで縫いつける。

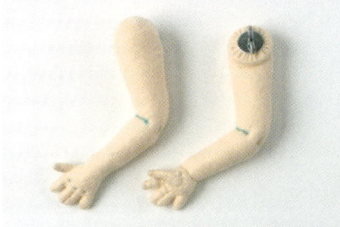

36 ひじ内側の見切り線と、ひじ外側のえくぼを下描きし、内側から針を刺し、バックステッチで縫い締める。

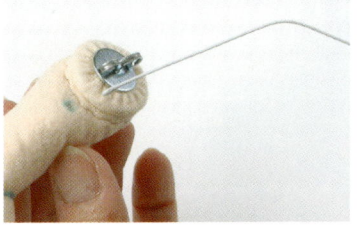

37 白ワイヤーを11cmに切り、両端を丸め中央を軽く曲げる。目打ちで開けた穴に差し込み、端を中に隠す。

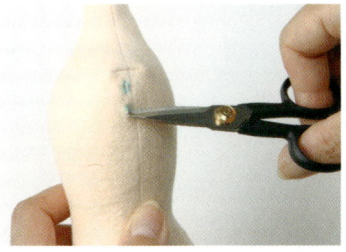

38 腕のジョイントを胴体の肩下に押し当てて布に目印をつけ、印の位置を小さくカットする。

39 巻き上げたピンを、カットした穴に押し込み、内側のディスクをボディに縫いつける。

●ボディ（胴体＋脚＋腕）が完成しました

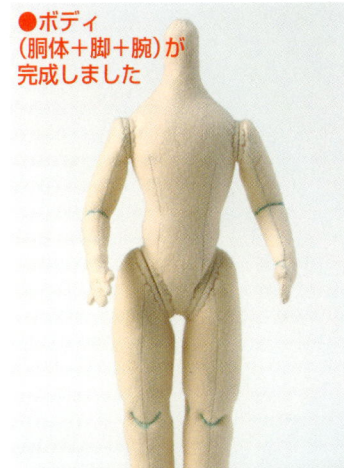

40 胴体＋脚＋腕でもバランスよく自立できることを確認。ボディは1体で共通できるが、複数あると楽しめる。

■ヘッドの作り方

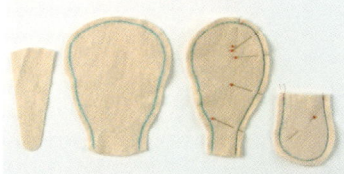

41 頭後ろ2枚を中表に合わせ後ろ中心を縫い合わせる。頭穴布を縫い、袋状にする。

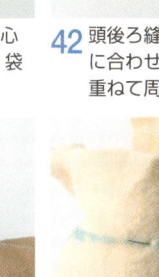

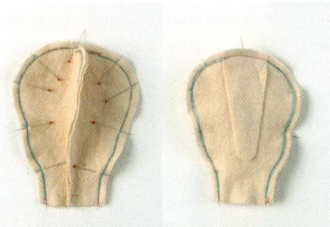

42 頭後ろ縫いしろを割り頭前側と中表に合わせ、さらに鼻裏布を前中央に重ねて周囲を縫い合わせる。

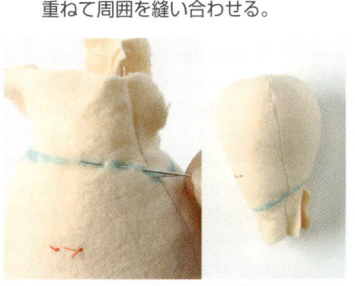

45 チャコペンであごと後頭部のラインを描き、ラインに沿ってぐし縫いし糸を少し引く。

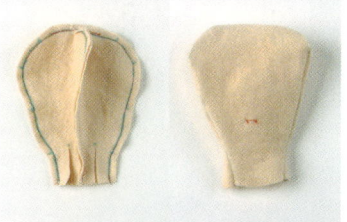

43 首の切り込み線を切り開き表に返す。鼻裏布がずれないように表から一針縫いとめる。

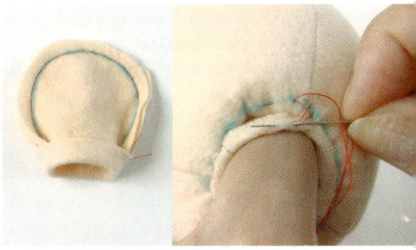

46 あご下の布を頭穴に押し込み、頭穴袋の口を一折りし中に入れる。ぐし縫いの少し外側をすくいとじつける。

44 綿を詰める。バランス良くしっかりと詰める。

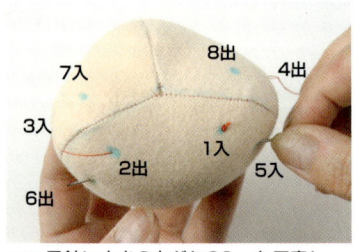

47 長針に太糸2本どり80㎝を用意し、1の位置から針を刺す。番号順に針を通し、糸を引き締め形を整える。

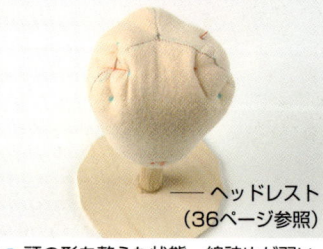

―― ヘッドレスト
（36ページ参照）

48 頭の形を整えた状態。綿詰めが弱いと額の中央が大きく窪んでしまう。

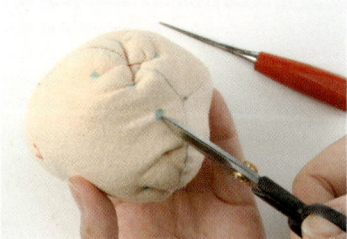

49 頭頂部の写真の位置に目打ちで穴をあけ、ハサミの先で少し切り込みを入れ、綿棒を差す穴を作る。

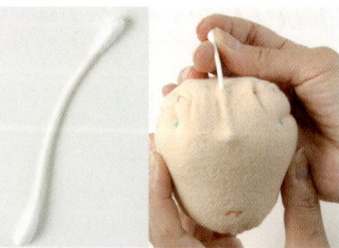

50 綿棒を軽くカーブさせ、49の穴から顔布と鼻裏布の間に通して差し込む。

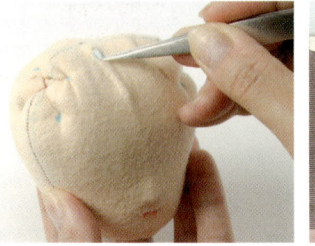

51 鼻裏布の仮どめ糸を切り綿棒先の位置（鼻）を決め、頭頂部の綿球はピンセットで押し込み、ボンドで固定。

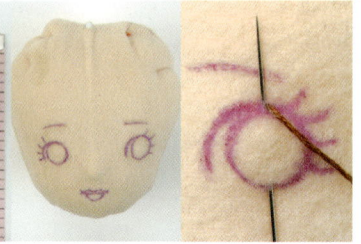

52 顔を下描きし、茶色刺しゅう糸3本どりで側頭部から針を入れ、目の中央上に出し、中央下に入れ、隣りに出し、

53 平行に刺し埋める（サテンステッチ）。反対側も同様にし、もう片目も同様に刺す。

54 刺しゅう糸こげ茶色2本どりを用意する。アイラインをアウトラインS、まつげをバックSで刺す。

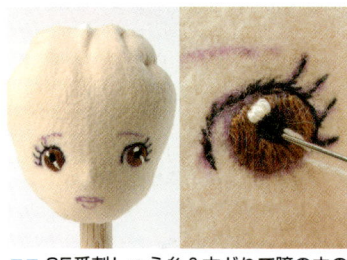

55 25番刺しゅう糸3本どりで瞳の中の瞳孔（黒）と光（白）を刺し、続けて白を目の下に一針刺す。

56 25番刺しゅう糸（茶色）1本どりで眉をアウトラインSで刺す。

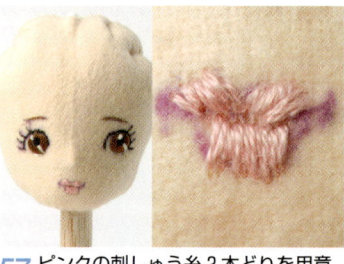

57 ピンクの刺しゅう糸2本どりを用意する。頭の穴の内側から針を入れて、唇を下描きに沿ってサテンSで刺す。

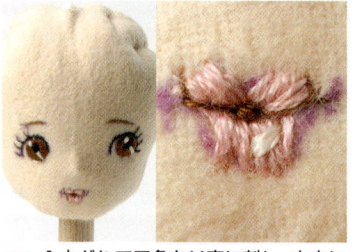

58 1本どりで口角をY字に刺し、中央に戻りフレンチノットS一針刺し頭穴の内側でとめる。光は3本どりで。

●Aカーリータイプ・メグ

毛束から1～2本の毛を取り、中央に巻きつけてくる

A1 カーリーヘアー1袋を10～12個の毛束に分ける。1個は前髪用に大きめに。毛束をほぐしボリュームを出す。

A2 毛束をつける位置を確認してマチ針で仮止めし、グルーガンをあたため、前髪部分から接着していく。

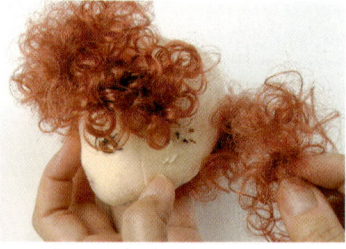

A3 続けて両脇→後頭部→頭頂部の順に接着し、頭皮が見えないように接着しながら全体を整えていく。

●メグが完成しました

A4 お化粧をする。色鉛筆を使い、頬紅やアイシャドーを好みで入れる。淡く塗り重ねていくと失敗が少ない。

●Bクレープタイプ・マヤ

2袋分

#26ワイヤーでくくってから広げる

B1 クレープタイプのヘアーをとめてある糸をはずし20㎝を6本用意する。毛束をワイヤーでくくり軽く広げる。

B2 分け目を意識しながら頭頂部に毛束を並べるように接着する。全部つけてから後頭部、側頭部を接着し整える。

B3 三つ編みの場合、髪を取り分けて三つ編みし細ひもでしっかりくくる。髪を引きぎみにするとしっかり編める。

●マヤが完成しました

B4 好みで色鉛筆でお化粧して完成。写真はA4と同一ヘッドだがヘアーでこれだけ変化する。

Head recipe ＊ヘッドレシピ （図に色をぬるとわかりやすくなります）

Name 名前 (目線)	Connie コニー (中央目線)	Laura ローラ (中央目線)	Sarah サラ (右目線)	Erika エリカ (右目線)

＊メグとマヤ（同一）は
34ページ参照

＊指定以外は
刺しゅう糸25番
省略記号 デ＝DMC
　　　　　コ＝COSMO
　　　　　オ＝OLYMPUS
1. ヘア素材名
2. 目　刺しゅう糸 色名（NO.）
3. アイライン　〃　　〃
4. 瞳孔　　　　〃　　〃
5. 目の光　　　〃　　〃
6. 眉　　　　　〃　　〃
7. 唇　　　　　〃　　〃
8. アイシャドー（色鉛筆）
9. 頬紅（色鉛筆）

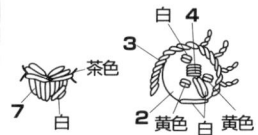

1. クレープタイプのヘアー
ライトブラウン1/2袋（スチームアイロンで伸ばして使用）
2. 濃緑（デ-500 3本どり）
3. 30番ミシン糸こげ茶色
4. 30番ミシン糸黒2本どり
5. 白（コ-1000）黄色（コ-700）
6. 茶色（オ-737）
7. ピーチ（オ-171）
8. なし　9. ピーチ系

1. クレープタイプのヘアー
ダークブロンド1/2袋（スチームアイロンで伸ばして使用）
2. 茶色（オ-737）
3. 30番ミシン糸こげ茶色
4. 30番ミシン糸黒
5. 白（コ-1000）水色（コ-219）
6. 茶色（オ-737）
7. ピンク（オ-1118）
8. ピンク系　9. ピンク系

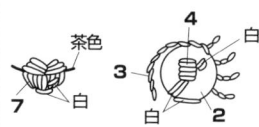

1. ダルマ絹のレース糸　NO.4
ピンクベージュ20g玉1玉
2. こげ茶色（コ-311）
3. 30番ミシン糸こげ茶色
4. 30番ミシン糸黒
5. 白（コ-1000）
6. 茶色（オ-737）
7. ローズ（オ-1083）
8. なし
9. オレンジ系

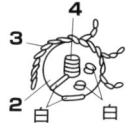

1. クレープタイプのヘアー
ライトブラウン2袋（スチームアイロンで伸ばして使用）
2. 青（コ-166）
3. 30番ミシン糸黒
4. 30番ミシン糸黒
5. 白（コ-1000）
6. 茶色（オ-737）
7. ピンク（オ-1118）
8. ピーチ系　9. ピーチ系

Aiko アイコ (右目線)	Maiko マイコ (中央目線)	Jean ジーン (中央目線)	Synthia シンシア (右目線)	Synthia closed eyes シンシア・眠り目

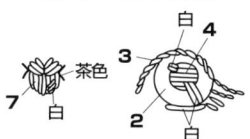

1. ダルマ絹のレース糸　NO.7
黒 20g玉1玉
2. 茶色（オ-737）
3. 30番ミシン糸黒
4. 30番ミシン糸黒
5. 白（コ-1000）
6. 茶色（オ-737）
7. 赤（コ-241）
8. 朱色
9. 朱色

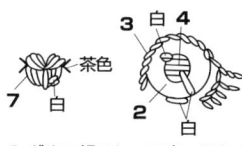

1. ダルマ絹のレース糸　NO.7
黒 20g玉1玉
2. 茶色（オ-737）
3. 30番ミシン糸こげ茶色
4. 30番ミシン糸黒
5. 白（コ-1000）
6. グレー（コ-892）
7. 朱赤（コ-800）
8. 朱色
9. 朱色

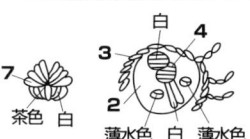

1. カーリータイプのヘアー
ブロンド1袋
2. 茶色（オ-737）
3. 30番ミシン糸黒
4. 30番ミシン糸黒
5. 白（コ-1000）薄水色（コ-211）
6. 茶色（オ-737）
7. ペールオレンジ（オ-180）
8. ベビーブルー
9. ピンク系

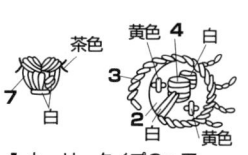

1. カーリータイプのヘアー
ブロンド2袋
2. 青（コ-167）
3. 30番ミシン糸こげ茶色
4. 30番ミシン糸紺
5. 白（コ-1000）黄（コ-700）
6. こげ茶色（デ-838）
7. ピンク（オ-1118）
8. ピンク系
9. ピンク系

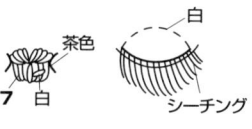

1. カーリータイプのヘアー
ブロンド2袋
2.3.4.5.
シンシアの眠り目の作り方は
58ページをご覧ください。
6. こげ茶色（デ-838）
7. ピンク（オ-1118）
8. ブルー
9. ピンク系

＊まだまだ広がるこんな楽しみ
ヴァリエドールで、もっとあそびましょう ●作り方38ページ

＊ヘッドレスト

ヴァリエドールはヘッドを固定せず、気軽につけはずしできるのが魅力です。一体のボディを完成させれば、あとはヘッドを増やしていくことで、2体3体のドールを持っているのと同じように遊ぶことができます。でもヘッドの数が増えてくると、その保管に少々悩むことでしょう。首を転がしておくのもイヤなことですから。

ここでご紹介するのは、完成ヘッドをさしこんで保管することのできるヘッドレスト。トールペイント用素材の木製コースターに、ドールの首の芯材に使ったのと同じ太さのバルサ丸棒を接着しただけの、とてもシンプルな作りです。

バルサ丸棒の長さはドールの髪の長さに合わせて決めると、ヘアスタイルを崩さずに保管、収納することができます。ペイントなどを施すと、飾っても楽しめそうですね。

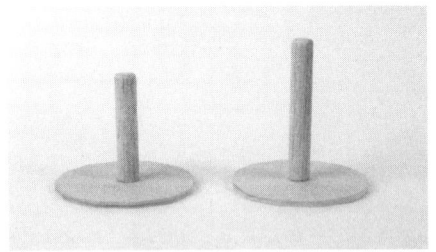

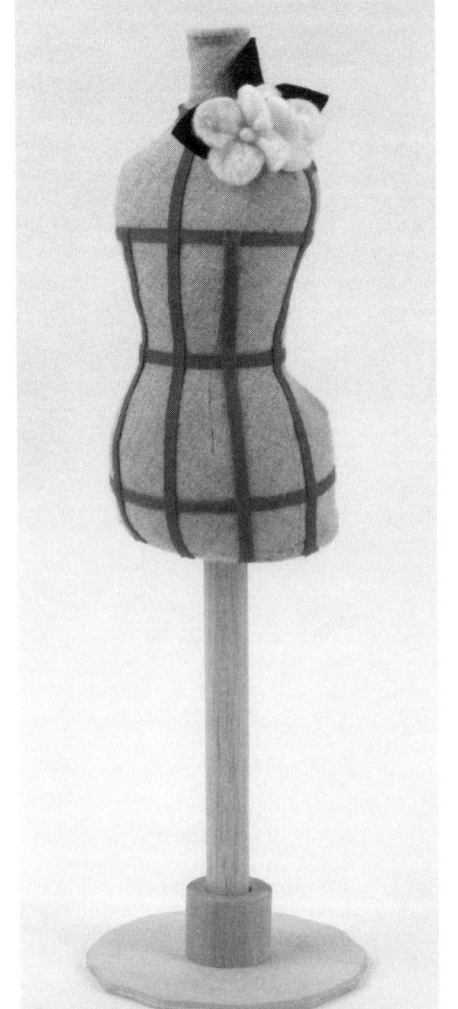

＊トルソー

ヴァリエドールは布製ですので、耐久性の点では優れているとは言えません。お洋服を作るとき、何度も着せつけたり脱がせたりを繰り返していると、ボディの表面が傷み、黒ずんだりほつれたりすることもあるでしょう。

そこでお洋服を作るときに、着せつけて仮縫いのできるトルソーを作ってみましょう。

グレーのリネンを用い、赤のセーラーテープを要所に施して実用性もきちんと持たせます。土台から簡単に外れるので、作業がラクにできる機能性もあります。また作ったお洋服をトルソーに着せつけてディスプレイしておくと、ドールが着ているのとは一味違った雰囲気が楽しめます。（コサージュは参考作品）

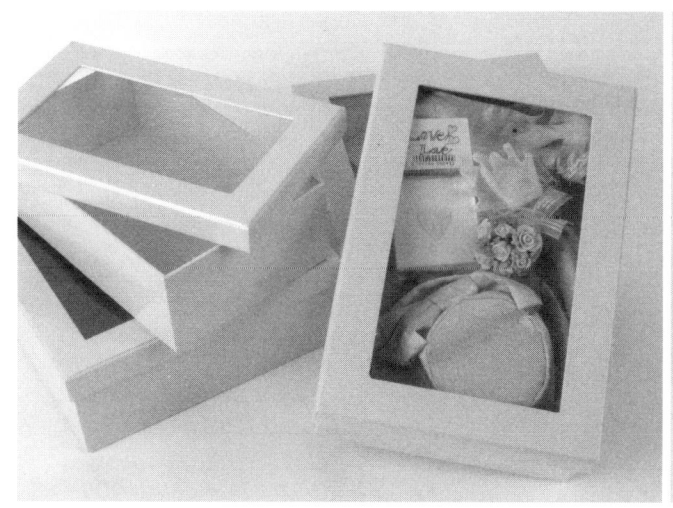

＊ディスプレイボックス

　色々な種類のお洋服ができたら、各月ごとにまとめてディスプレイボックスに収納すると、セットの楽しさが引き立ちます。ここで使用している箱は100円ショップで購入したパステルカラーのボックス。窓に透明シートが貼ってあり、し

っかりした素材でできているので、お値段以上の高級感があります。

　単なる収納としてだけでなく、造花やリボンなどにも合わせてディスプレイしてみると、ボックスの中だけでも充分イメージを楽しむことができるでしょう。

＊おふとんセット

　10月のドールのような眠り目ドールは、普通のドールにはない独特のロマンチックさがあります。貼りつけるまつ毛の長さや、カーブによっても表情が変わります。エリカやジーンなどいろいろな子の眠り目ドールを、自分なりにアレンジしてみましょう。

　そして眠り目の子に欠かせないのは、やはりおふとんのセットです。この作品のように、レースを使った白のセットのほか、細かな花柄や変わり織りの生地で作ったもの、白のリネンにブルーの刺しゅうを施したものなど、ドールのイメージに合わせて作ってみるのも素敵です。

　昼間あなたを楽しませてくれたドールたちを夜の間は安らかな眠りにつかせてあげてくださいね。

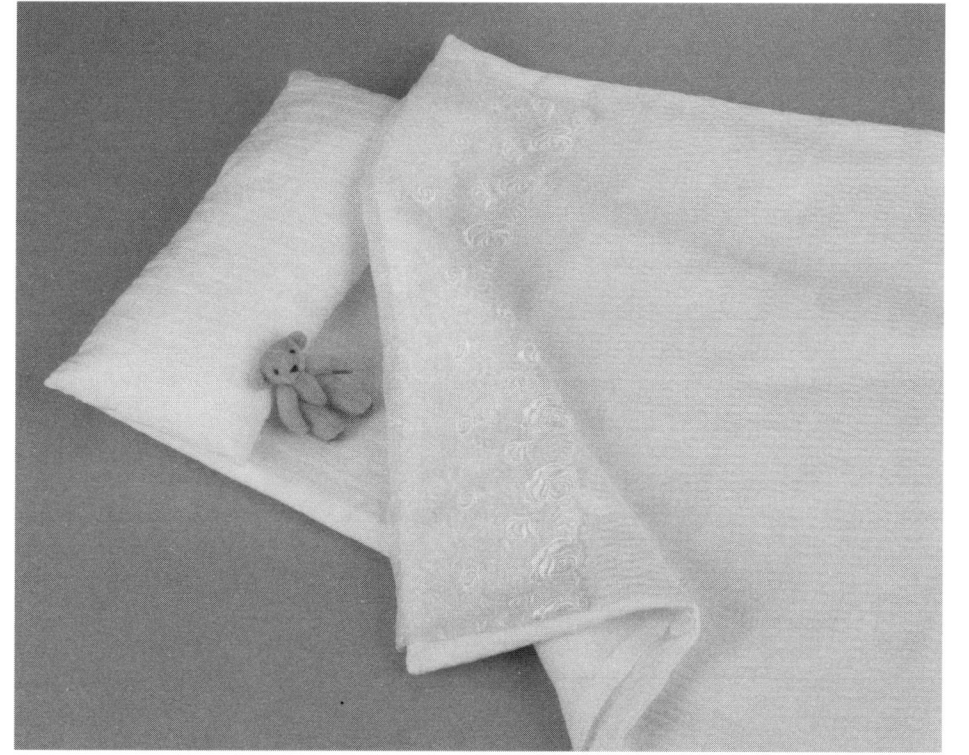

■ヘッドレストの作り方
◆材料　木製コースター（直径10cm前後のもの）1枚　直径1.5cmのバルサ丸棒7.5cm〜10cm程度　サンドペーパー　ボンド
1 バルサ材を必要な長さにカットし、断面をサンドペーパーでなめらかにする。
2 コースターの中心にボンドで貼りつける。

■トルソーの作り方　型紙39ページ
◆材料　リネン地横42cm×縦30cm　赤セーラーテープ145cm　3mm厚バルサ板横8.5cm×縦5.5cm　厚紙直径2cmの円　キルト芯横8cm×縦6cm　中綿適量　直径1.5cmのバルサ丸棒33cm　木製コースター（直径10cm前後のもの）1枚　直径3cm内径1.6cmのウッドパイプ2.5cm　サンドペーパー　ボンド
1 前、背面のウエストダーツを縫う。
2 背面2枚を中表に合わせ、背中心を縫う。
3 背面ヒップダーツを縫う。
4 前、背面を中表に合わせ、首上端〜肩〜脇〜裾まで縫う（両側）。
5 肩マチを三角に折り縫う。
6 首の上部を一周ぐし縫いし、糸をしっかり引き絞りとめる。
7 カーブの部分に切り込みを入れ、表に返す。
8 バルサ丸棒の上部にキルト芯を巻きつけ、糸で縫いとめる。上端はぐし縫いして絞る。
9 ボディ首部分に8の丸棒を差し込み、まわりにバランスよくしっかりと綿を詰める。
10 裾をぐし縫いして、中心のバルサ丸棒に接するようにしっかり引き絞り糸をとめる。
11 トルソー底のバルサ板の指定部分をくり抜き、穴をあける。
12 底リネン地の周囲をぐし縫いして、11のバルサ板をくるみ、形に沿わせて糸を引きとめる。
13 穴部分のリネン地に切り込みを入れて、放射線状に切り開き、内側に折り込んでバルサ板にボンドで貼りつける。
14 トルソー底をバルサ丸棒に通し、本体にしっ

かり押しつけながら、周囲をコの字はぎで縫い合わせる。
15 首上部ふた用のリネン地を1周ぐし縫いして、厚紙に被せ、糸を引き絞りとめる。
16 ふたを本体の首部分にコの字はぎで縫い合わせる。
17 首まわり、バスト、ウエスト、ヒップ、肩幅、前中心、バストトップ線、脇、背中心などに赤セーラーテープを貼りつける。
18 木製コースターの中央に2.5cmに切ったウッドパイプをボンドで貼りつける。

＊トルソーの高さは自分のドールに合わせ、芯棒のバルサ丸棒をサンドペーパーで調節する。

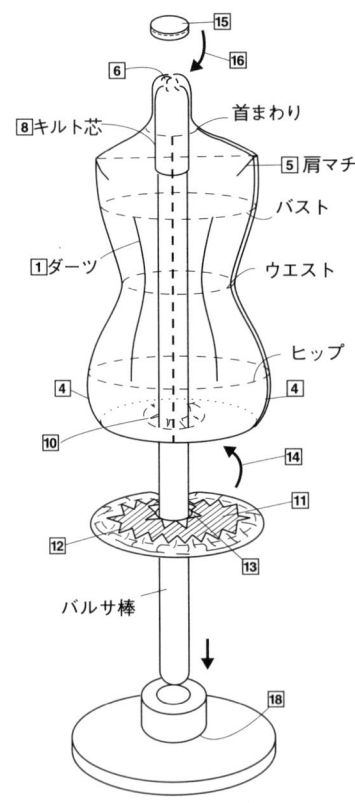

■おふとんセットの作り方
■参考　おふとんセット仕上がりサイズ
◎敷マット　横28cm×縦55cm
◎オーバーシーツ　横45cm×縦48cm
　（＋折り返し分幅13cmレース）
◎掛けぶとん　横52cm×縦55cm
◎まくら　横30cm×縦14cm

■敷マット
◆材料　表地・裏地・キルト芯各1枚
■掛けぶとん
◆材料　表地・裏地・キルト芯各1枚
1 それぞれ表地、裏地の四辺に1cmの縫いしろをつけて布を裁ち、粗裁ちしたキルト芯の上に2枚を中表にした状態で重ね、返し口を残してまわりを縫う。
2 キルト芯の余分を切り、縫いしろの角を落として表に返し、返し口をとじる。
■オーバーシーツ
◆材料　本体布1枚　折り返し用レース
1 それぞれ1cmの縫いしろをつけて裁つ。
2 本体布の衿元部分を残し、三方の縫いしろを折ってステッチする。
3 レースの両脇縫いしろを内側に折り縫う。
4 本体とレースを外表に縫い合わせ、レース部分を折り返して使用する。
■まくら
1 布は長辺をわにして裁ち、中表にたたんで返し口を残して縫う。
2 縫いしろの角を落として表に返し、やわらかめに綿を詰め、返し口をとじる。

☆ボディの裁ち合わせ図（ボディ布　横47cm×縦65cm）

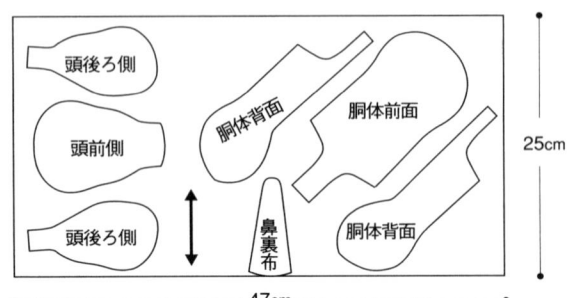

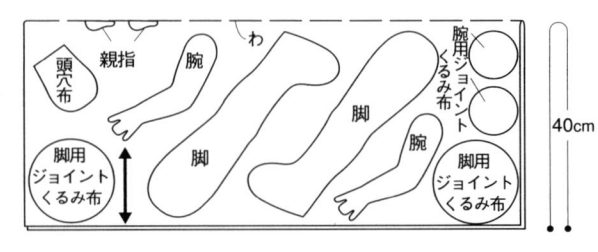

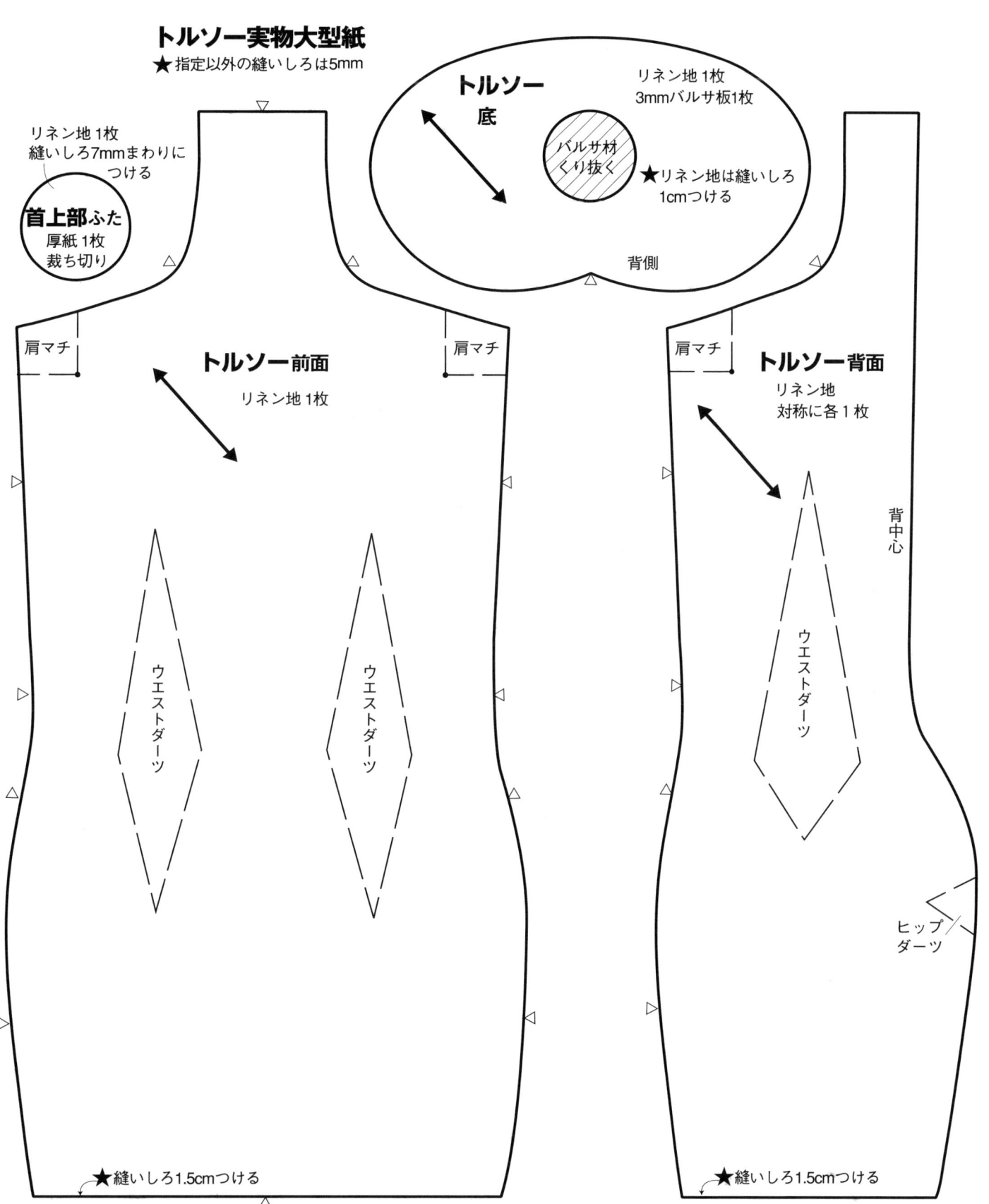

トルソー実物大型紙
★指定以外の縫いしろは5mm

リネン地1枚
縫いしろ7mmまわりに
つける

首上部ふた
厚紙1枚
裁ち切り

トルソー底

リネン地1枚
3mmバルサ板1枚

バルサ材
くり抜く

★リネン地は縫いしろ
1cmつける

背側

肩マチ

トルソー前面
リネン地1枚

肩マチ

ウエストダーツ

ウエストダーツ

肩マチ

トルソー背面
リネン地
対称に各1枚

背中心

ウエストダーツ

ヒップ
ダーツ

★縫いしろ1.5cmつける

★縫いしろ1.5cmつける

制作ノート *ヴァリエドール作りの覚え書き

1 材料調達編

いざドールを作ろうと思い立っても、必要な材料が手に入らないと作る意欲も失せてしまいますよね。そんな時こそ発想の転換が大切。大いに工夫の翼を広げてみましょう。工夫の手助けになるような代替品のヒントを挙げてみました。

◆ボディ用肌色フラノ地（カラーネル）
白のフラノまたはネルを布用染料（Rit、ダイロンなど）で染めてみましょう。熱湯で簡単に染められます（詳しくは染料の説明書を読んでね）。色はピーチなどがおすすめ。完全に乾かしてから更に紅茶染めして、肌の色に近づけます。アイロンはごく軽くあててください。

◆芯棒の直径1.5cmバルサ丸棒
直径1.5cm程度のしっかりした棒があればよいのですから、厚紙をきっちり巻いてセロテープでぐるぐる巻きにしたもので代用できます。

◆ヘアー素材
カントリードール用のヘアーを扱っているお店が少なくなってきました。でも大丈夫。100円ショップのパーティグッズのコーナーをのぞいてみましょう。おもちゃのかつらの毛で充分代用できます。おしゃれコーナーのヘアーエクステンションなども使えます。また太ひものヨリをほどいて使ったり細い麻糸などを使っても個性的なヘアーが演出できます。

◆足に入れる重石
アルミのパイストーン（タルトストーンともいう）は製菓材料のコーナーなどにあります（1袋300g入り1000円程度）。小さくて重みのあるもの（つりの重りなど）で代用できますが、手に入らない場合は、若干安定感は劣るものの入れなくてもドール自体に支障ありません。

◆靴用ソフトレザー及び本皮革
リサイクルがもっとも簡単です。使わなくなったバッグ類をぜひ見直してみましょう。靴底用の本皮革（牛皮革）がどうしても手に入らない場合は、パソコンのマウスパッドがおススメです。

◆ソックス用ニット地
これはもちろん人間用のソックスから転用しましょう。ソックス自体が厚すぎる時は、Tシャツなどから作ると、薄手のソックスができます。

◆ストッキング・タイツ
ストッキングにはスパークハーフという商品名の布を用いていますが、若干伸縮性に問題があります。人間用のタイツを利用しても充分きれいにできます。その際はできればニット用の針と糸を使用しましょう。

◆下着用生地
スーパーや100円ショップなどでかわいいプリントのショーツやキャミソールを買ってくればOK。その際は同じ価格で大きめのLやLLサイズがお得です。キャミソール1枚でブラとショーツとキャミのセットができます。

◆ゆかた生地
パッチワークの生地でゆかたに使えそうなものがみつからない時は、手ぬぐいを探してみましょう。大きめの手ぬぐい1本でゆかたが1着できます。

◆帯地
厚手木綿を縫い合わせても素敵な帯ができます。また幅広のグログランのリボンや薄手幅広のテープなども使えます。

◆ナイティの生地
この作品で使用したものは無地のフィードサック（1930年代のもの）で入手の難しいものです。そこでおすすめは古いシーツ、しっかりした織りの綿のシーツはナイティ素材にぴったり。

◆セーター用薄手ニット
これも人間用のものを使うと簡単です。後ろ身頃などの毛玉の少ない部分を使いましょう。

◆ショール用羽毛マラボー
100円ショップで売っている場合もあります。手に入らない時は小さな梵天をびっしり並べて縫いつけてもかわいいショールができます。

◆縮緬和風プリント地
大きめの縮緬風呂敷がぴったりです。またふとん屋さんの端布コーナーをのぞいてみると、縮緬でなくても素敵な和風プリントがみつけられることがあります。

◆ドールサイズのバックル・ボタン・ファスナー
インターネットショッピングがおすすめです。ドール素材で検索してみましょう。

2 テクニック編

材料が一通り揃ったら、作り始める前にぜひ一度目を通してください。ドールをかわいくきれいに作るコツのトップシークレット満載です。

◆顔がかわいくできない！
好みのお顔は人それぞれですが、どうしてもかわいく作れない時、考えられる原因はいくつかあります。

◆配置のバランスが悪い
鼻の位置が上すぎると、目、唇が必然的に上になり、あごが長くなったり、間のびしたりして、大人っぽい顔（老けた顔）になってしまいます。鼻の位置はあごの端から2.5cm程（顔の大きさにより異なります）にすると、バランスがとりやすいようです。

◆目が大きすぎる又は小さすぎる
かわいくしようと思うとつい目を大きく描きがち。顔全体の大きさを考え、適度な大きさを決めましょう。

◆目の丸がゆがんでいる
丸いサテンステッチは実は結構難しい。描いたラインの外側を刺すのか、内側を刺すのか決めてとりかかりましょう。他の布で練習してみるのが一番です。しかしきれいな丸になるように刺し重ねていっても差し支えありません。

◆前髪が少なすぎる
前髪が少ないと少々情けないお顔になってしまいます。前髪をつけ足す時は、ついている前髪を持ち上げてその下にグルーを塗り、毛束をつけます。

◆立たない！
一番の原因は綿詰めの甘さです。綿をしっかりと固く詰めないとグラグラ不安定になり上半身の重さを支えきれません。また、脚の長さが違う、ジョイントをつける位置が左右で違うなどの原因も考えられます。脚自体はしっかりできていても、胴体がゆがんでいると立ちません。

綿詰めはひとつひとつしっかりとし、バランスを確認しましょう。はだしの時は立ちにくくても靴をはかせる事で、安定して立ちやすくなります。どうしても立たない時は背を壁などに寄りかからせるか、お座りさせて飾りましょう。

◆座らせた時、両脚が大きく開いてしまう！
股の間が広すぎるのが原因です。脚の土台を作る時、糸を胴体両側に渡したら、しっかりと引きましょう。また、脚のジョイント同士の間隔（股の幅）は1cm以内がきれいにお座りできます。

◆着せ替えがしにくい！
腕のジョイントを組む時、巻き締めをきつくしすぎると、腕の動きが悪くなり、着せ替えしづらくなります。脚のジョイントはしっかり、腕のジョイントはややゆるめにを心がけましょう。ただし、ゆるすぎると好みのポーズがとれなくなりますので注意して。

◆鼻が低い！
鼻裏布はちゃんと入れましたか？鼻裏布がないと綿棒が綿にめり込んでしまって、平らな顔になってしまいます。また、綿詰めが弱いとやはり、綿棒がめり込んで鼻の高さが出ません。

◆指がうまく表に返らない！
指先は最も神経を使うところです。1.6mmの細かい針目で、一針ずつミシンを止めて、ていねいに縫いましょう。縫いしろは2mm程残して落としますが、少なすぎると、破れてしまいます。切り込みを入れすぎても弱くなるので慎重に。鉗子や目打ちでうまく返らない場合は、細いレース針を使うとうまくいく時もあります。

◆ウェストがなんとなく太い！
顔が横に大きくなる！　脚が太い！
これらは布目の誤りが原因と考えられます。型紙の布目線と、裁ち合わせ図を参考に正しい布目で作ってみましょう。またウェストのダーツは縫いしろを切り開くと胴体が弱く太くなってしまうので、切り込みは入れないで下さい。

◆指先に綿球がうまく入らない！
綿球が標準のものより大きいか、指先の縫いしろ幅が大きすぎる事が原因と思われます。

◆下描きの線がきたなく残る！
フラノは起毛地なので鉛筆を使うときたなく汚れてしまいます。消えるタイプのチャコペンで下描きし、自然に消えるまで放っておく方がきれいに消えます。私の愛用のチャコペンはチャコエースのファインマーカーの細（紫）です。

3 小物編
あるとないとでは雰囲気の盛り上がり方に差が出るのが小物です。布以外の小物で気になることをチェック！

◆小鳥の飾り
4月の二人のドレスにあしらわれている小鳥は東急ハンズで購入したもの。手に入らない時はフェルトなどで作ってみましょう。二枚合わせではぎ合わせ綿を詰めればOKです。黒いビーズで目玉を。羽根はビーズを扱っているお店で副資材として置いてあることが多いですよ。

◆テーブル・イス
この本で使ったのはアンティークですが、100円ショップでも、木製のものが売られています。

◆犬のぬいぐるみ
エリカのペットとして登場したスコッチテリアのコッティはYAHOOのオークションで入手したもの。ヴィンテージのぬいぐるみを添えると、ドールも深みを増すようです。大きさは10cm前後がつりあいがとれます。

◆パン屋さんの袋
作品は無地のクラフト紙で作り、パン屋さんらしい（？）イラストを入れましたが、絵が苦手な場合はお店っぽいシールをぺたんと貼ってもよいと思います。

◆お菓子のパッケージ
市販のお菓子の箱ののりづけ部分をていねいに開き、カラーで縮小コピーをとります。アバウトに切りとって、ストッキングの台紙などに貼り、切り抜いてパッケージを組み立てのりづけします。大好きなお菓子の箱をドールにも持たせてあげましょう！

◆お菓子
11月のエリカが持っているのは、お菓子そっくりのプラスチックボタン。いろんな材料を駆使して、自分が作ったパッケージのお菓子を作ってみると楽しさ倍増です。

◆ティアラ
3月プリンセスのティアラはバレエ衣装のコーナーで購入したもの。人間用だけど小ぶりなので、シンシアにぴったりサイズでした。完成品がなくても、ビーズコーナーにはティアラのキットがいっぱい。ぴったりのティアラを作ってあげたら最高ですね。

How to make *ドールサイズ・作品を作る時の注意点・凡例

■完成ドール標準サイズ（およそ）

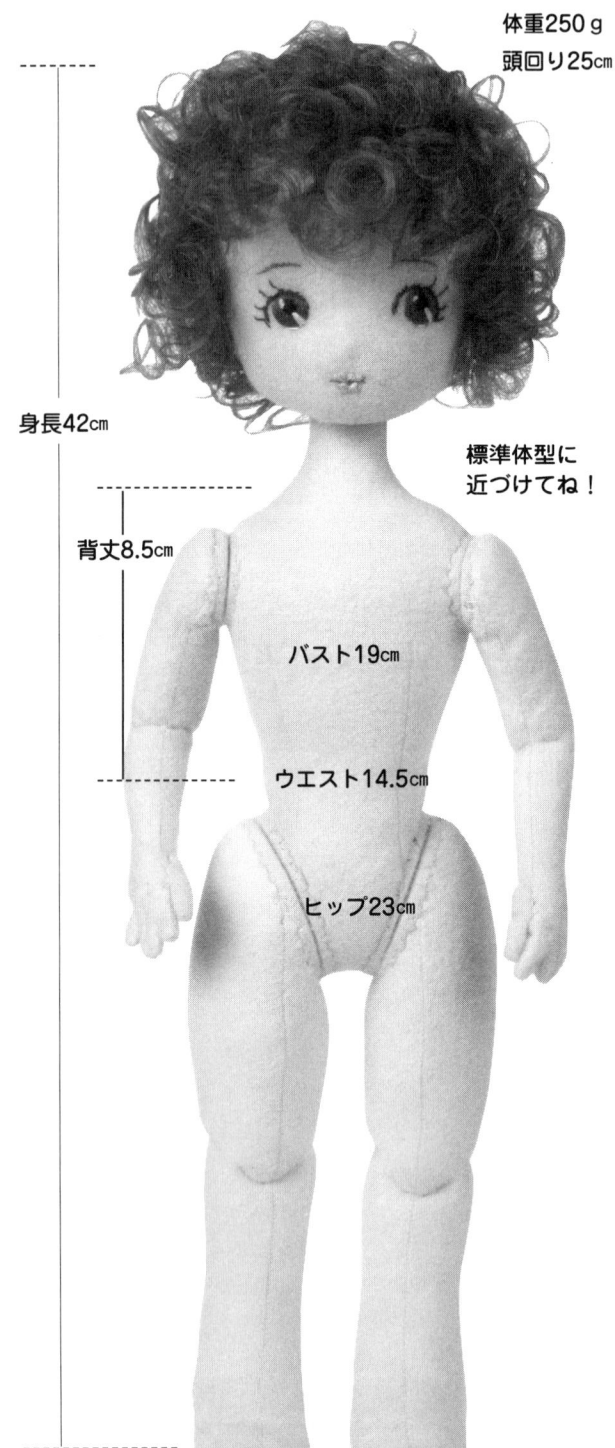

体重250g
頭回り25cm

身長42cm

標準体型に
近づけてね！

背丈8.5cm

バスト19cm

ウエスト14.5cm

ヒップ23cm

作品を作る時の注意点

■このドールはボディに柔らかな丸みを持たせるため、ほとんどの生地をバイアス裁ちにしています。そのため綿の詰め具合によりできあがり寸法に個体差が出やすくなります。また、ジョイントのつけ方や、綿の種類の違いなどもサイズに差の出る要因となります。

■身長は、ヘア素材や首へのヘッドを差し込む深さ、脚のジョイント位置などにより差が出ますが、約40〜43cmとなります。
　これは12号（42cm）の市松人形や43cmサイズのビスクドール、16インチ（40,6cm）のプラスチックドールらと、おおまかな互換性を持つ身長といえます。

■このような手づくりのボディに洋服を合わせる特殊性をご理解頂き、あなたのドールのボディをよく採寸して、できるだけ標準体型に近づけ、差がある部分は仮縫いするなどして、洋服をボディに合わせて作ってください。
　とはいえ、布のボディは、かなり幅広く対応できる柔軟性もありますので、おおらかに楽しんで頂けたら幸いです。

凡例　この本の型紙の表し方

■実線

型紙には原則的に縫いしろは含まれていません。縫いしろの指定のあるもの以外はすべて5mmの縫いしろをつけて裁ってください。実線は実質的に縫い線です。

■矢印

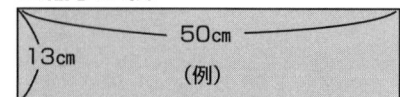

布目の方向。布の縦地と矢印が同じ方向になるように型紙を置きます。

■わ

布を二つ折りにし、布のわになった部分と型紙のわの部分を合わせておきます。

■白三角　▽　△

合印を表します。対応する印同士を合わせてマチ針で押さえてください。

■黒三角　▼　▲

縫い始め、縫い終わりを表します。

■黒星　★

このマークのあとには縫いしろについての説明が書かれています。よく読んでから布を裁ちましょう。

■縮小型紙

50cm
13cm　　（例）

型紙ページの中には、寸法が入りグレーになっているものがあります。これは縮小図で、実物大ではありません。書かれている寸法どおり直接布を切るか、拡大コピーで実物大型紙を作ってから布を裁ちます。

下着の作り方

この本に登場するドールは原則的にブラとショーツを身につけていますが、作り方は共通です。
また、ストッキングやタイツも数種の色がありますが、作り方はどれも同じです。そこで、これらの作り方をこのページにまとめて表しました。生地やレースを変えてみると、いろいろな下着が作れるでしょう。なおペチコート、スリップ、ドロワーズなど丈を各ドレスに合わせてあるものは、各月の該当ページに作り方を掲載してありますので、そちらをご覧ください。

ブラジャー4種		
写真		
6ページ	10ページ	22ページ

◆材料＊本体用尺はすべて横22cm×縦5cm
■ピンクのブラ　ピンクハート柄スムース地　ストレッチレース40cm
■ブルーチェックのブラ　ブルーチェックスムース地　ストレッチレース40cm　ブルー3mm幅サテンリボン10cm　パールビーズ1個
■黒のブラ　黒トリコット地　黒ストレッチレース40cm　4コールゴム14cm　レースモチーフ・パールビーズ各1個
■白赤ドット柄のブラ　白赤ドットスムース地　赤1cm幅レース50cm　4コールゴム40cm
◆型紙67ページ
1.縫いしろ7mmを全体につけて布を裁つ。
2.上縁、下縁にストレッチレースを中表にして、引っぱりながら縫いつける。赤いドット柄のブラは、赤1cm幅レースを中表に縫いつけてから、裏側に4コールゴムを引っぱりながら縫いつける。

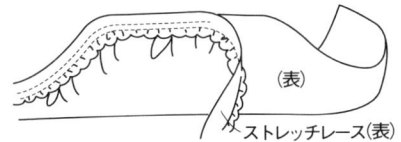

ストレッチレース（表）
（表）

3.上下縁をできあがりに折り、表側からジグザグミシンで押さえる。
4.中表にたたみ、後ろ中心を縫い合わせる。
5.表に返して飾りのあるものは飾りをつける。

■ブルーチェックのブラ

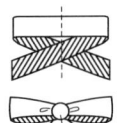

サテンリボンをたたみ中央を糸で縫いとめる。中心にパールビーズをつけ、ブラ中央に縫いつける

パールビーズ

■黒のブラ

パールビーズ

レースモチーフの中央にパールビーズをとめブラ中央に縫いつける

ショーツ6種		
写真	6ページ	8ページ	10ページ
18ページ	22ページ	

◆材料＊本体用尺はすべて横27cm×縦10cm
■ピンクのショーツ　ピンクハート柄スムース地　ストレッチレース45cm
■白のショーツ　白トリコット地　白ストレッチレース53cm　ブルー3mm幅サテンリボン9cm
■ブルーチェックのショーツ　ブルーチェックスムース地　ストレッチレース45cm
■ブルーのショーツ　ブルートリコット地　ストレッチレース45cm
■黒のショーツ　黒トリコット地　黒ストレッチレース45cm　レースモチーフ・パールビーズ各1個
■白赤ドット柄のショーツ　白赤ドット柄スムース地　赤1cm幅レース60cm　4コールゴム45cm
■型紙67ページ
1.縫いしろ7mmを全体につけて布を裁つ。
2.ウエストまわり、および股ぐりにストレッチレースを中表にして引っぱりながら縫いつける。白のショーツは前中心と両脇にウエストから股ぐりにかけてレースを縫いつけ、ウエストまわり、股ぐりのレースをつける。

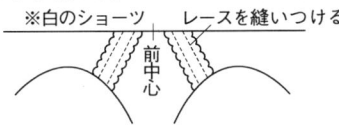

※白のショーツ　　レースを縫いつける
前中心

3.表側からそれぞれジグザグミシンで押さえる。
4.前中心から中表にたたみ、後ろ中心を縫い合わせる。縫いしろは開いておく（割る）。
5.股下を中表に縫い合わせる。
6.表に返して飾りのあるものは飾りをつける。
＊白のショーツ　ブルーサテンリボンを蝶結びにし、余分は切り落として前中心に縫いつける。

3mm幅サテンリボン

＊黒のショーツ　黒のブラの飾りと同じ。

ストッキング3種　タイツ2種		
写真	6ページ	10ページ	20ページ
22ページ	24ページ	

◆材料＊本体用尺はすべて横24cm×縦30cm
■白・黒・赤のストッキング　スパークハーフ各色　4コールゴム17cm
■白・黒のタイツ　20〜40デニール程度のタイツ生地　4コールゴム17cmまたはストレッチレース17cm
◆型紙67ページ
1.型紙の省略部分を追加し、前中心のわを開いた形で実物大の型紙を作り直す。
2.横幅24cmの布の上縁（ウエストまわりになる）を内側に1cm折り、ミシンで縫う。縫い線の上にゴムを重ね、引っぱりながら縫いつける。

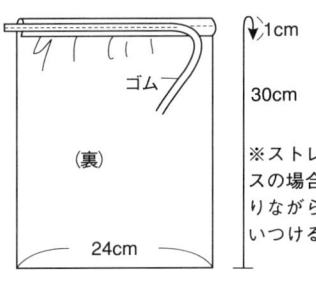

ゴム
（裏）
24cm
1cm
30cm
※ストレッチレースの場合は引っぱりながら中表に縫いつける

3.前中心をわにしてたたみ、後ろ中心を1cmの縫いしろで縫い合わせ、縫い線を中央にしてたたみ直す。縫いしろは開く。

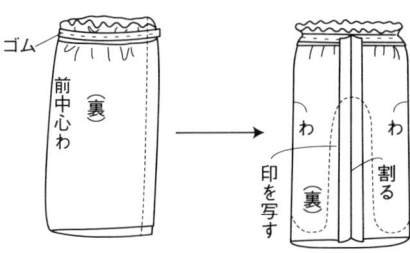

ゴム
前中心わ
（裏）
印を写す
わ
わ
割る
（裏）

4.作り直した型紙1をのせ、縫い線を写し縫う（型紙線が縫い線）。
5.脚まわりに5mmの縫いしろを残して切り落とし、表に返す。

靴の作り方

この本には数種類の靴が登場します。デザイン、素材は異なっても、作り方の基本はすべて共通です。このページでは、靴作りの流れを黒のワンストラップの靴を例に説明し、次ページでは、デザインの変化のある靴について、そのポイントを説明していきます。また、下駄、スリッパについては、各該当ページに作り方を掲載してありますので、そちらをご覧ください。

■黒のワンストラップの靴 写真7ページ(左) 23ページ(右) 25ページ(左)

◆型紙68ページ

◆材料(各一足分)

黒ソフトレザー横25cm×縦10cm
底用皮革横11cm×縦7cm(厚さ1mm程度)
内貼用木綿布横8cm×縦7cm
厚紙(レポート用紙の裏表紙程度の厚さ)横8cm×縦7cm
直径6mmスナップ(黒)2組
直径7mmボタン(黒)2個

◆用具 針(普通の縫い針) 糸 布用ボンド 皮革用ボンド カッター
洗たくバサミ8〜9個 白のチャコペン ミシン

型紙組み合わせ表	アッパー	ストラップ	ヒール	ソール
黒のワンストラップの靴	Ⓐ	Ⓐ		ⒶⒷ
白のワンストラップの靴	Ⓐ	Ⓐ		ⒶⒷ
白のTストラップの靴	Ⓑ	Ⓑ		ⒶⒷ
黒のセンターボタンの靴	Ⓐ		Ⓐ	ⒶⒷ
レースアップシューズ	Ⓐ		Ⓑ	ⒶⒷ
白のブーツ	45ページ			ⒶⒷ

1 ソフトレザー裏側に型紙(アッパーⒶ)を白チャコペンで写し、ステッチ線に沿ってミシンステッチする。縫いにくい場合は、薄紙をはさむか、シリコンスプレーをする。ステッチ後、実線に沿って裁つ。

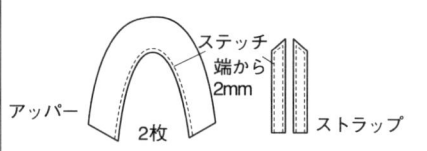

2 アッパーを中表に合わせ後ろ中心を縫う。ストラップつけ位置にストラップを縫いつける。靴の左右に注意し、対称にする。

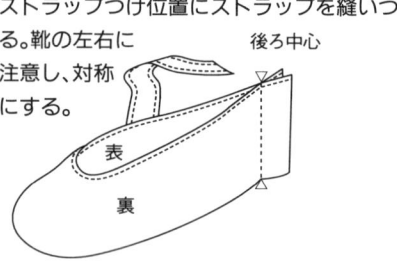

3 カーブのきつい部分に切り込みを入れ、外まわりを一周ぐし縫いする。糸は切らずにおく。

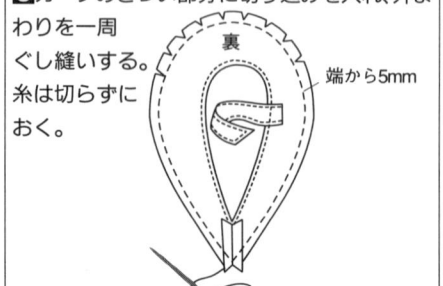

4 厚紙を靴底型(ソールⒶ)に切り、同じく内貼用木綿布も靴底型に切ってボンドで貼り合わせる。

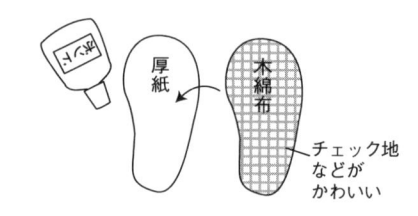

5 木綿布を上側にして3のアッパーを被せ、切らずにおいた糸を引いて外まわり全体にギャザーを寄せ、整える。アッパーの後ろ中心とソールの後ろ中心を合わせて糸をとめる。

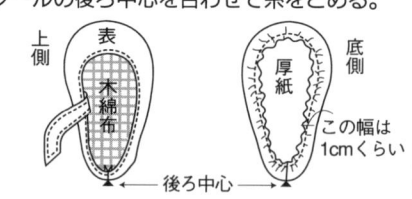

6 皮革でソールⒶⒷを対称に各1枚ずつ用意する。ⒷをⒶの後ろ縁に合わせ、皮革用ボンドで貼る。はみ出た部分は、カッターなどで削って整える。

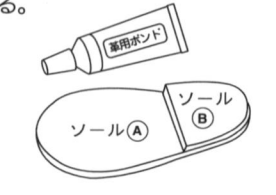

7 靴底外側と6のソールを皮革用ボンドで貼り合わせる。洗たくバサミで周囲をはさみ、固定しておく。

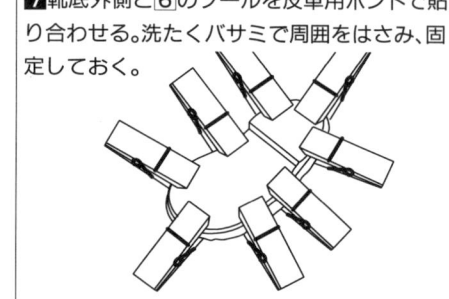

8 完全に接着されてから洗たくバサミをはずし、ストラップの裏側の端にスナップ凸をつける。アッパーの対応位置にスナップ凹をつける。

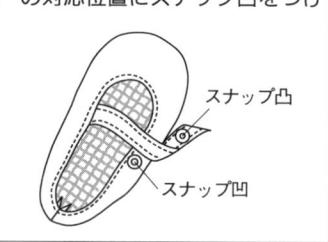

9 ストラップの表側にボタンを縫いつけ完成。

白のワンストラップの靴

写真7ページ（右）
写真15ページ（右）

◆材料

白ソフトレザー横25cm×縦10cm
底用皮革横11cm×縦7cm（厚さ1mm程度）
内貼用木綿布横8cm×縦7cm
厚紙横8cm×縦7cm
直径6mmスナップ（銀）2組
ドール用バックル（銀）2個

◆型紙68ページ

◆作り方のポイント

1～7までは黒のワンストラップと同じ。
8 ストラップに銀のバックルを通す。
9 ストラップ裏側の端にスナップ凸をつけ、アッパー対応位置にスナップ凹をつける。

白のTストラップの靴

写真15ページ（左）

◆材料

白ソフトレザー横22cm×縦10cm
底用皮革横11cm×縦7cm（厚さ1mm程度）
内貼用木綿布横8cm×縦7cm
厚紙横8cm×縦7cm
直径6mmスナップ（銀）2組
直径9mmボタン（白）2個

◆型紙68ページ

◆作り方のポイント ＊ストラップは⑧を使用

1 黒のワンストラップと同じ。
2 左右それぞれストラップ位置にストラップを縫いつける。切り込み位置に切り込みを入れ、ストラップを通しておく。靴の左右に注意する。
3 以降は黒のワンストラップと同じ。
中央の切り込みにストラップを通して使う。

黒のセンターボタンの靴

写真20ページ　写真25ページ（右）
写真23ページ（左）

◆材料

黒ソフトレザー横36cm×縦10cm
底用皮革横11cm×縦7cm（厚さ1mm程度）
内貼用木綿布横8cm×縦7cm
厚紙横8cm×縦7cm
直径6mmスナップ（黒）2組
直径6mmボタン（黒）2個

◆型紙68ページ

◆作り方のポイント

1 アッパー⒜とヒール⒜の周囲にステッチし裁つ。
2 アッパーを中表に合わせ、後ろ中心を縫う。
3 表に返し、アッパー後ろ部分にヒール⒜の後

ろ中心を合わせて重ね、ヒール⒜端のサイドをステッチ（図①）。
4 アッパー、ヒール2枚一緒に外まわりを1周ぐし縫いする。糸は切らずにおく。
5 黒のワンストラップ4～7までと同じ。
6 アンクルストラップ裏側の端にスナップ凸と表側に凹をつける。
7 表側にボタンをつける。

図①

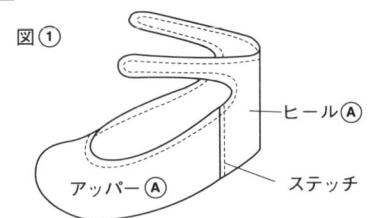

ヒール⒜
ステッチ
アッパー⒜

レースアップシューズ

写真8ページ
写真16ページ

◆材料

ベージュフェイクスエード横27cm×縦20cm
底用皮革横11cm×縦7cm（厚さ1mm程度）
内貼用木綿布横8cm×縦7cm
厚紙横8cm×縦7cm

◆型紙68ページ

◆作り方のポイント

1 ステッチはしないで布を裁ち、アッパーを中表に合わせて後ろ中心を縫う。
2 表に返し、アッパー後ろ部分にヒール⒝の後ろ中心を合わせて重ね、サイドにステッチをかける（図②）。
3 アッパー、ヒール2枚一緒に外まわりを1周ぐし縫いする。糸は切らずにおく。
4 黒のワンストラップ4～7までと同じ。
＊ひもを足首の前で結んだり、クロスして足の後ろ側で結んだりしてはかせる。

図②

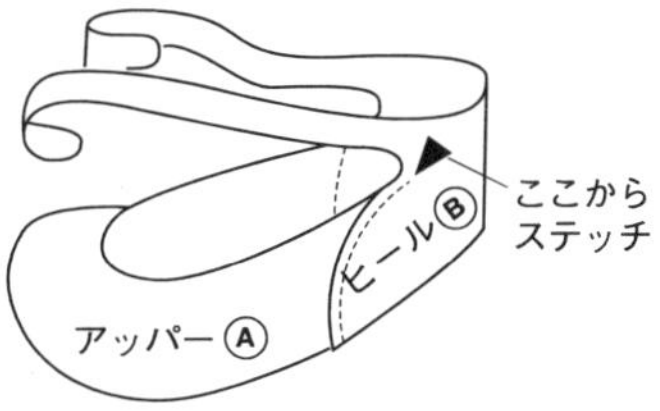

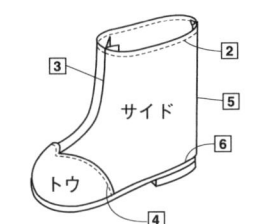

ここからステッチ
ヒール⒝
アッパー⒜

サイド
トウ

白のブーツ

写真10ページ

◆材料

白ソフトレザー横20cm×縦9cm
底用皮革横11cm×縦7cm（厚さ1mm程度）
内貼用木綿布横8cm×縦7cm
厚紙横8cm×縦7cm

◆型紙68ページとこのページ下

◆作り方のポイント

1 型紙を写して布を裁つ。
2 はき口縁にステッチをする。
3 サイド2枚を中表に合わせ、前中心を縫う。
4 表側爪先部分にトウを重ね上縁をステッチ。
5 中表にたたみ、後ろ中心を縫い合わせて、表に返す。
6 外まわりを一周ぐし縫いする。糸は切らずにおく。
7 黒のワンストラップ4～7までと同じ。

白のブーツ型紙

（実物大　縫いしろ含む）

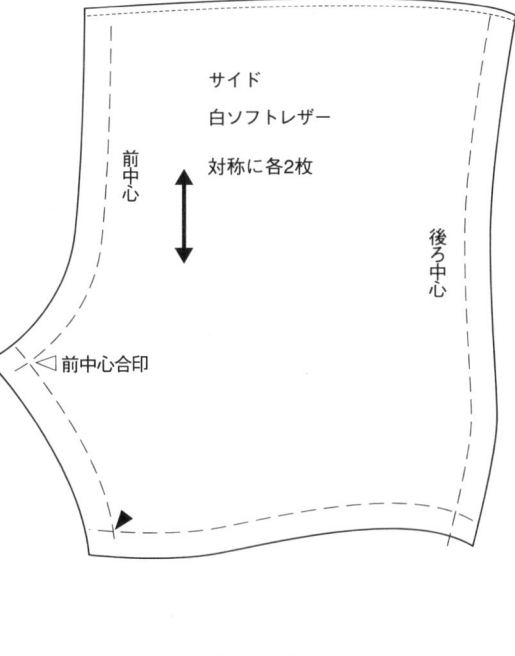

サイド
白ソフトレザー
対称に各2枚
前中心
後ろ中心
前中心合印

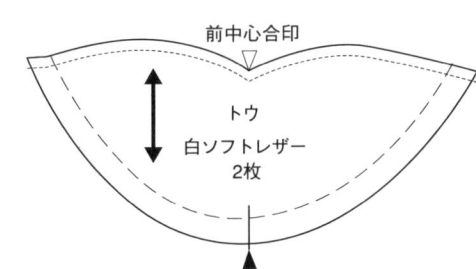

前中心合印
トウ
白ソフトレザー
2枚

4月の暮らし(左)	ドール・コニー

ミントグリーンのワンピースのセット
写真6・7ページ

■白のショーツ 型紙67ページ 作り方43ペ
ージ**■白のタイツ** 型紙67ページ 作り方43
ページ**■黒のワンストラップの靴** 型紙68ペ
ージ 作り方44ページ

■白のミニスリップ 型紙71ページ

◆**材料** スパークハーフ横23cm×縦9cm 白
ローン横62cm×縦11cm ストレッチレース2
cm幅72cm レースモチーフ4枚 4コールゴ
ム18cm

① 身頃の胸ぐり袖ぐりを5mm内側に折り縫う。
② スカートのウエスト部分にギャザーを寄せ、
身頃のウエスト部分と中表に縫い合わせる。
前側、後ろ側の2枚作る。
③ ストレッチレース6cmを2本切り、肩ひも位
置に裏側から縫いつける。
④ レースモチーフを表側のつけ位置に、それぞ
れ縫いつける。
⑤ 片側脇を中表に身頃からスカート裾まで縫
い合わせる。
⑥ ウエスト内側に4コールゴムを引っぱりなが
ら縫いつける。
⑦ 縫い残した片側脇を中表に縫い合わせる。
⑧ 裾に中表にストレッチレースを引っぱらず
に縫いつける。表から押さえミシンをかける。

■ミントグリーンのワンピース

◆**型紙69ページ**

◆**材料** 薄緑色木綿地横47cm×縦40cm 白ロ
ーン横12cm×縦12cm ハードチュール横47
cm×縦34cm 黒25番刺しゅう糸適宜 黒6mm
スナップ3組

① 衿を中表に合わせ、まわりを縫い合わせる。
衿つけ側は縫わずに返し口とする。
② 縫いしろの角を切り落とし、返し口から表に
返して、アイロンで整える。
③ 衿の前角に黒25番刺しゅう糸2本どりで刺
しゅうをする。
④ 身頃前側、後ろ側のウエストダーツを縫う。
⑤ 袖下に切り込みを入れ、袖部分を内側に5mm
折り込み、ステッチする。
⑥ 衿2枚を身頃と見返しで中表にはさんで衿
ぐり線を縫う。
⑦ 縫いしろに切り込みを入れて表に返し、後ろ
あきをできあがりに折り、衿ぐりにミシン。
⑧ 身頃を中表に合わせ、両脇を縫う。
⑨ スカート布とハードチュールを裁ち、2枚一
緒にウエスト部分にギャザーを寄せる。
⑩ 身頃とスカート布を中表に縫い合わせる。
⑪ 後ろあきを5mm内側に裾まで折り、縫う。

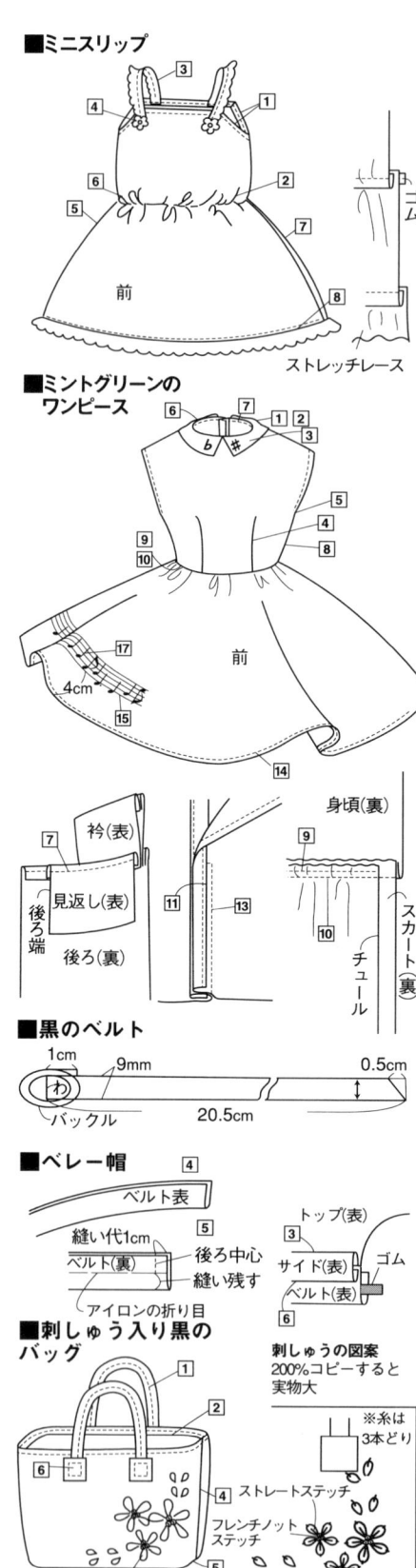

■ミニスリップ

前

ゴム

ストレッチレース

**■ミントグリーンの
ワンピース**

前

4cm

b

衿(表)

見返し(表)

後ろ端

後ろ(裏)

身頃(裏)

スカート(裏)

チュール

■黒のベルト

1cm 9mm 0.5cm

わ

バックル 20.5cm

■ベレー帽

ベルト表

縫い代1cm

ベルト(裏)

後ろ中心
縫い残す

アイロンの折り目

トップ(表)

サイド(表)

ベルト(表)

ゴム

**■刺しゅう入り黒の
バッグ**

刺しゅうの図案
200%コピーすると
実物大

※糸は
3本どり

ストレートステッチ

フレンチノット
ステッチ

レザーデージー・ステッチ

⑫ ハードチュールは後ろあきにかかる部分を
切り落とし、後ろ中心を中表に縫い合わせる。
⑬ スカート後ろ中心を中表に重ね、端から5mm
のところを縫い合わせる。縫いしろ全体を左に
倒してアイロンで押さえる。
⑭ 裾を5mmの三つ折りにして縫う。
⑮ 裾から4cm上がったところを基準として、
スカートに一周円を描くように下描きし、黒ミ
シン糸でラインをミシンステッチする。
⑯ このラインを基準に2mm間隔で合計5本の
ミシンステッチをする(五線譜)。
⑰ ライン上に好きな曲の楽譜を黒25番刺しゅ
う糸で刺しゅうする。
⑱ 後ろあきに、3組のスナップを縫いつける。

■黒のベルト

◆**材料** 黒ハイミロン9mm幅22cm ドール用
バックル(金)1個

① ハイミロンを指定寸法に裁ち、バックル側に
バックルを通して1cm裏側に折り、縫いとめる。

■ミントグリーンのベレー帽 型紙69ページ

◆**材料** 薄緑色木綿地横16cm×縦28cm 接着
芯横12cm×縦24cm 4コールゴム22cm 黒25
番刺しゅう糸適宜 小鳥の飾り1個

① トップの表面に、スカートと同様に五線をミ
シンステッチし、楽譜の一部を刺しゅうする。
② トップとサイドの裏側に接着芯を貼る。
③ トップとサイドを中表に合わせ、外端から5
mmのところを縫う。
④ ベルトを外表に細長く二つ折りにし、アイロ
ンで押さえる。
⑤ ベルト前中心から中表に二つ折りし、後ろ中
心を半分だけ縫い合わせる(縫いしろ1cm)。
縫い残しはゴム通し口になる。縫いしろは割
り、アイロン。
⑥ 外表に折ったベルトを、サイドに中表に合わ
せ縫う(ベルト、サイド共に縫いしろ5mm)。
⑦ ベルトのゴム通し口からゴムテープを通す。
ゴムの端は重ねてミシンで押さえる。
⑧ 適当な位置に小鳥の飾りをとめつける。

■刺しゅう入り黒のバッグ 型紙69ページ

◆**材料** 黒ハイミロン横11cm×縦12cm 25番
刺しゅう糸コスモ1000(白)、オリムパス219(水
色)

① 持ち手を外表に細長く二つ折りにしステッ
チする。
② バッグ上縁を内側に5mm折りステッチ。
③ 図の位置に刺しゅうする。
④ 中表に二つ折りして両脇を縫う。
⑤ 底角を三角にたたみマチを縫う(三角の頂点
から1cm下)。
⑥ 持ち手を仮どめし、とめ布を重ねステッチ。

4月の暮らし（右）　ドール・ローラ

ピンクのワンピースのセット
写真6・7ページ

■ピンクのショーツ　型紙67ページ　作り方43ページ■ピンクのブラ　型紙67ページ　作り方43ページ■白のストッキング　型紙67ページ　作り方43ページ■白のワンストラップの靴　型紙68ページ　作り方45ページ
■ピンクのペチコート　型紙71ページ

◆材料　スパークハーフ横52cm×縦13cm　4コールゴム21cm　1.5cm幅レース52cm

[1]裾に5mmの縫いしろで中表にレースを縫いつけ、表から押さえミシン。

[2]上縁を内側に1cm幅で三つ折りし、ゴム通し口を1.5cm残して縫う。

ピンクのペチコート・ウエスト
1cm
1.5cm残す
（裏）
[2]

[3]前中心から中表に折り、5mmの縫いしろで後ろ中心を縫い合わせる。

[4]ゴム通し口からゴムを通し、ゴム端を重ねて縫い押さえ、表に返す。

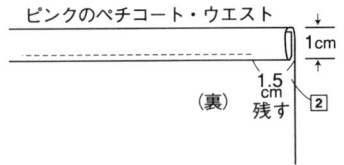

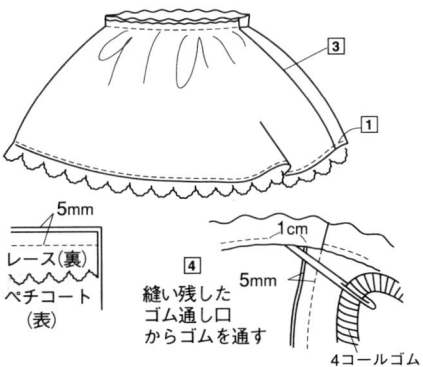

5mm
レース（裏）
ペチコート（表）
1cm
[4]
5mm
縫い残したゴム通し口からゴムを通す
4コールゴム

■ピンクのワンピース　型紙70ページ

◆材料　シルクシャンタン横50cm×縦50cm　1.5cm幅レース57cm　直径6mmスナップ（銀）3組　小鳥の飾り1個　ベルト用直径7mmスナップ（銀）1組

[1]身頃の肩を中表に縫う。

[2]見返しを身頃と中表に合わせ、衿ぐりを縫い、縫いしろに切り込みを入れて表に返す。

[3]衿ぐりに表から押さえミシン。

[4]袖のダーツを縫い、袖口を仕上がり線で折りアイロンで押さえる。

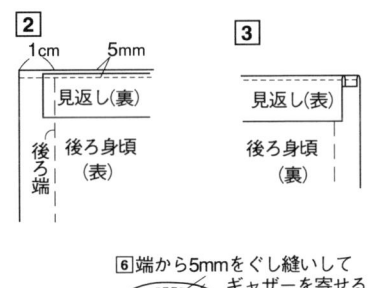

[2]
1cm　5mm
見返し（裏）
後ろ端　後ろ身頃（表）

[3]
見返し（表）
後ろ身頃（裏）

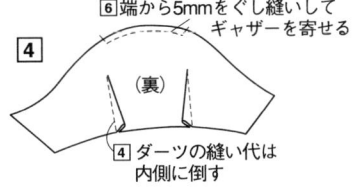

[6]端から5mmをぐし縫いしてギャザーを寄せる
（裏）
[4]ダーツの縫い代は内側に倒す

[5]袖口表側にレースを合わせ、つける。

[6]袖山にギャザーを寄せ、身頃と中表に合わせて、縫う。

[7]身頃を中表に折り、脇から袖口まで縫う。

[8]スカート布8枚を中表に縫い合わせる。

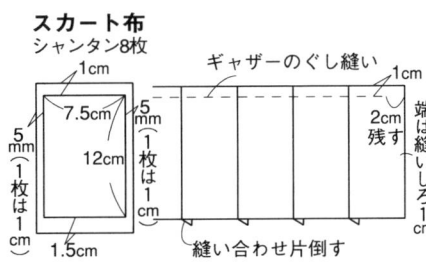

スカート布
シャンタン8枚
1cm
7.5cm
5mm（1枚は1cm）
12cm
5mm（1枚は1cm）
1.5cm
ギャザーのぐし縫い
2cm残す
端は縫いしろ1cm
1cm
縫い合わせ片倒す

[9]両端を2cmずつ残し、ウエストにギャザーを寄せる（縫いしろ1cm）。

[10]身頃とスカートを中表に縫い合わせる。

[11]後ろ端を身頃の衿ぐりからスカート裾まで5mm内側に折り、押さえミシン。

[12]スカートを中表に折り、ウエストから4cm下から裾まで5mmの縫いしろで縫う。

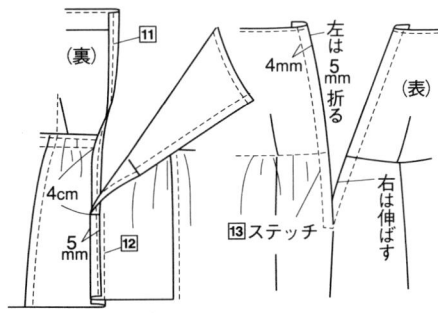

[11]
（裏）
左は5mm折る
4mm
4cm
5mm
[12]
右は伸ばす
（表）
[13]ステッチ

[13]後ろあき全体を左に倒して、アイロンで押さえ、左あきにステッチをかける。

[14]裾を5mm折りさらに1cm折ってステッチ。

[15]スナップ3組を後ろあきにつける。

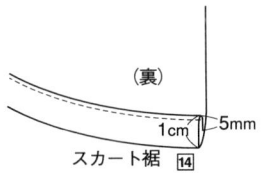
（裏）
1cm　5mm
スカート裾
[14]

[16]ベルトを作る❶ベルト布両端を5mm内側に折り、細長く中表に二つ折りにする。❷縫いしろ5mmで縫い、表に返して縫い線を中央にたたみ直す。❸片側の端を1.5cm残してレースを裏側から縫いつける。

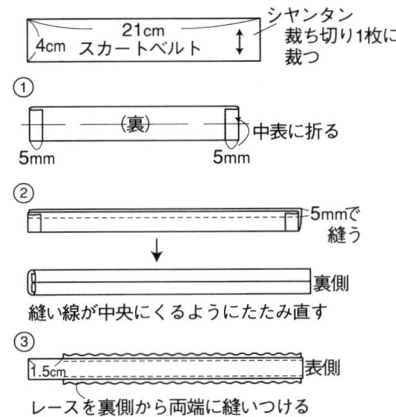

①
21cm
4cm　スカートベルト
シャンタン裁ち切り1枚に裁つ
5mm　（裏）　5mm
中表に折る

②
5mmで縫う
裏側
縫い線が中央にくるようにたたみ直す

③
1.5cm
表側
レースを裏側から両端に縫いつける

❹縫い残した部分にスナップ凸と反対端表側にスナップ凹をつける。❺リボン布は細長く中表に折り、端から5mmのところを縫い、表に返して縫い線が中央にくるようにたたみ直す。❻両側をたたみ中央で合わせ5mm重ね合わせる。❼二つ折りにして同様に作った中央布でリボンを巻き、後ろで縫いとめる。❽ウエストベルトのスナップ凸のついている側の表側にリボンを縫いとめる（リボンの型紙71ページ）。

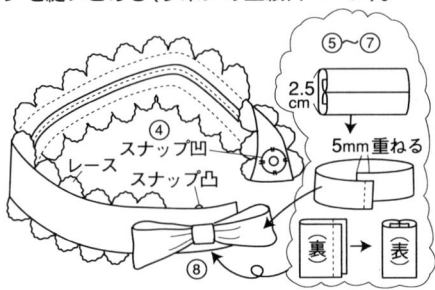

スナップ凹
❹
スナップ凸
レース
❽
⑤〜⑦
2.5cm
5mm重ねる
（裏）→（表）

＊ワンピースの左胸元に小鳥の飾りを縫いつける。

＊ウエストベルトはリボンを後ろ側にしてつける。

■ピンクのクローシェ帽　型紙70ページ
◆材料　シルクシャンタン横32cm×縦40cm
接着芯横26cm・縦15cm　1.5cm幅レース29cm
1 サイド、トップの裏に接着芯を貼る。
2 サイドを前中心から中表に折り、後ろ中心を
縫い合わせる。縫いしろは割っておく。

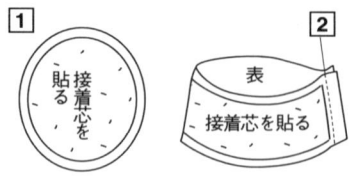

＊接着芯はできあがり寸法にカットし、貼る。

3 サイドとトップを中表に合わせ、縫う。

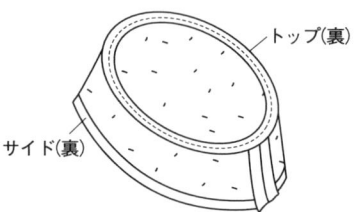

トップ（裏）
サイド（裏）

4 ブリム表布・裏布の後ろ中心をそれぞれ中表
に縫い合わせる。

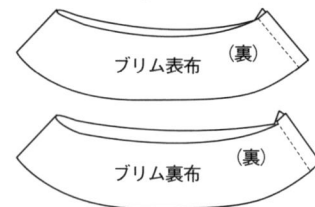

ブリム表布　（裏）
ブリム裏布　（裏）

5 縫いしろを割り、ブリム表布と裏布を中表に
合わせ、外まわりを縫う。

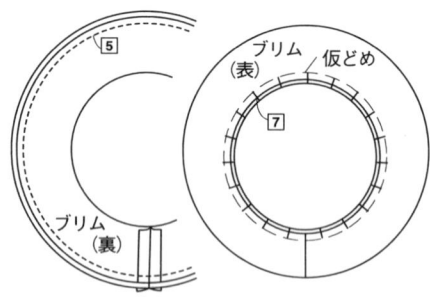

6 縁の縫いしろをアイロンで上側に折り上げ、
表に返してアイロンで形を整える。
7 縫いしろの布端から3〜4mmのところ（縫い
線の内側）を仮りどめし、7mm間隔で切り込み
を入れる。

8 サイドとブリムを中表に合わせて、マチ針で
とめ、縫い合わせる。縫い線は仮りどめのぎり
ぎり外側（バイアステープで縫いしろを始末す
ると、きれいに仕上がる…用尺外）。
9 リボン布の長い方の辺を中表に二つに折り、
返し口を3cm程残して縫い、表に返して返し口
を閉じる。
10 中央布を中表に折り、端を縫って表に返し、
縫い線を中央にたたみ直す。
11 リボンを中央布で巻き、後ろで縫いとめる（作
り方は47ページ参照）。
12 帽子サイドに1周レースを巻き、前中心で縫
いとめ、その上にリボンを重ねて縫いとめる。

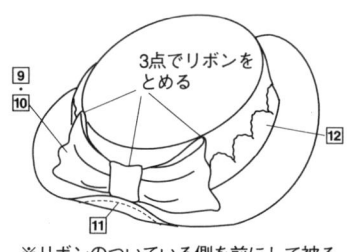

3点でリボンを
とめる

※リボンのついている側を前にして被る

■ショート手袋　型紙71ページ
◆材料　白スパークハーフ横32cm×縦8cm
1 スパークハーフを図のようにバイアスに4
枚裁ち、一辺を内側に5mm折りステッチする。

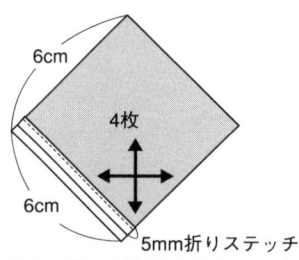

6cm
4枚
6cm
5mm折りステッチ

2 うち、2枚に手袋の型紙を下端（はめ口）を合
わせて写す。
3 2枚ずつ中表に合わせ、1.6〜1.8mm程度の
針目で縫い、余分な縫いしろを切り落として表
に返す。

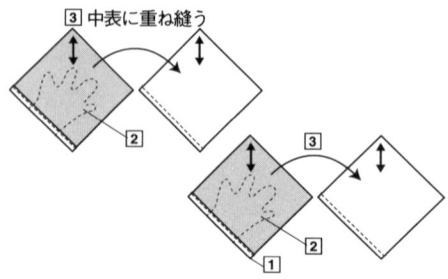

3 中表に重ね縫う

■白のバッグ　型紙71ページ　＊ボンド
◆材料　白ソフトレザー横15cm×縦9cm　厚
紙横12cm×縦7cm　木綿地横14cm×縦7cm
1 持ち手2本を外表に細長く二つに折り、ステッ
チする。
2 持ち手押さえの四辺にそれぞれステッチを
かける。
3 木綿地の端から5mmのところを1周ぐし縫
いし、本体厚紙に被せて糸を引き、アイロンで
押さえる。厚紙ははずしておく。

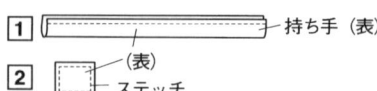

持ち手（表）
（表）
ステッチ

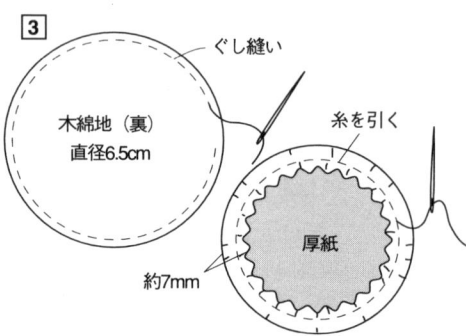

ぐし縫い
木綿地（裏）
直径6.5cm
糸を引く
厚紙
約7mm

4 マチと厚紙マチを重ね、両端を折り込んでの
りづけし、上下に切り込みを入れる。
5 本体に厚紙を重ね、のりしろをカットして折
り込み、のりづけする。

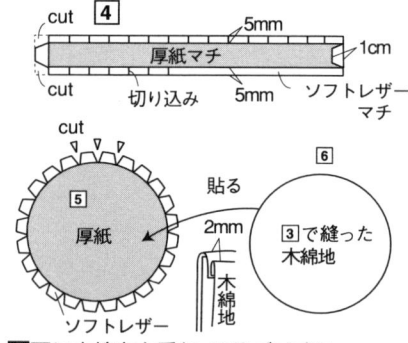

cut
厚紙マチ
5mm
1cm
cut
切り込み
5mm
ソフトレザー
マチ
cut
厚紙
貼る
2mm
3で縫った
木綿地
木綿地
ソフトレザー

6 更に木綿布を重ね、のりづけする。
7 図のように組み立て、のりづけする。

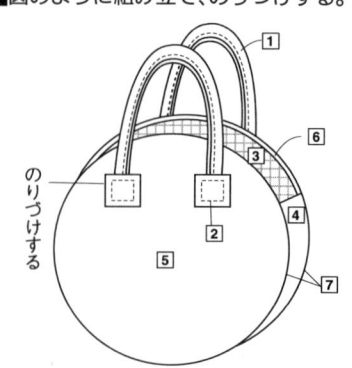

のりづけする

5月の暮らし	ドール・サラ
青の花柄ワンピースのセット	
写真8・9ページ	

■白のショーツ　型紙67ページ　作り方43ペ
ージ

■レースアップシューズ　型紙68ページ　作
り方45ページ

■白のキャミソール　型紙67ページ

◆材料　トリコット地横21cm×縦10cm　スト
レッチレース50cm　3mm幅リボン9cm

1 胸ぐり(18cm)と裾(15cm)に中表にストレッ
チレースを引っぱりながら縫いつけ、表側から
ジグザグミシンで押さえる。

2 肩ひも用にストレッチレースを7cm2本用
意し、それぞれ肩ひも位置の裏側に縫いつける。

3 前中心から中表に折り、後ろ中心を縫い合わ
せる。

4 3mm幅リボンを小さく蝶結びにし、前中心に
縫いつける。＊リボンは始めに短く切ってしま
うと蝶結びしにくくなるので、結んでから余分
を切るようにする。

■青の花柄ワンピース　型紙72ページ

◆材料　小花柄リネン地横36cm×縦30cm　9
mm幅リネンレース55cm　丸ゴム24cm

1 肩を中表に縫う。

2 衿ぐり見返しを肩線で中表に縫う。

3 衿ぐりに見返しを中表に合わせて縫う。

4 余分な縫いしろを整えて表に返し、アイロン
で押さえる。

5 レースを表側から衿ぐりに重ねてつける。

6 袖下縫い止まりの縫いしろに切り込みを入
れ、袖部分を内側に折って、端ミシン。この部分
に後でゴムを通す。

7 スカートのウエスト部分に軽くギャザーを
寄せる(縫いしろ1cm)。

8 身頃とそれぞれ中表に縫い合わせる。

9 両脇袖下から裾まで中表に縫い合わせる。

10 裾を1cmずつ三つ折りにしてアイロンで押
さえ、表側にレースを重ねて縫う。レースは後
ろ中心で重なるようにする。

11 脇下から袖口に丸ゴムを通し、きつく結ぶ。

■カーディガン　型紙72ページ

◆材料　針抜きオーガニックコットン横55cm×
縦15cm　25番刺しゅう糸　青・水色・白・モスグ
リーン各適宜　直径6mmスナップ(銀)4組
直径9mm貝ボタン4個

1 肩を中表に縫う。

2 袖を身頃と中表に縫いつける。

3 袖口リブ(共布)を外表に細長く折り、袖口に
中表に軽く引っぱりながら縫いつける。

＊リブは切らずに長いまま使います。

■白の
キャミソール

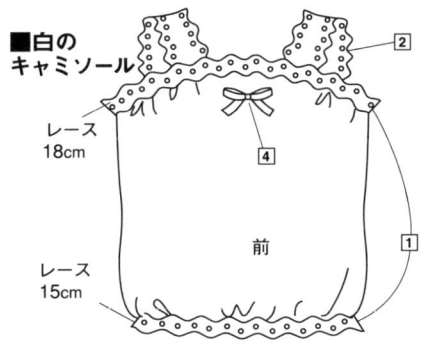

レース
18cm

前

レース
15cm

■青の花柄ワンピース

レース

丸ゴム12cm

※ワンピースは
あきがなくても
着られるデザインです

レース

1cm

■カーデガン

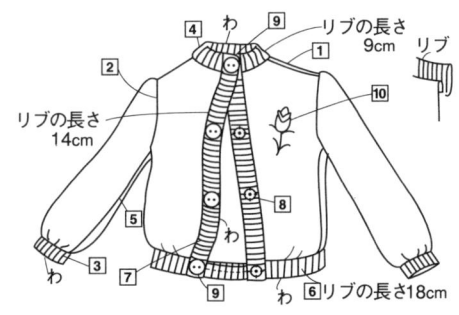

リブの長さ
9cm　リブ

リブの長さ
14cm

わ

わ

わ

わ　リブの長さ18cm

胸元の刺しゅうの図案(実物大)

サテンステッチ
水色2本どり

サテンステッチ
青2本どり

ストレートステッチ
白2本どり

ストレートステッチ
モスグリーン
2本どり

アウトラインステッチ
モスグリーン
2本どり

■ルーズフィットのソックス

パンの袋イラスト

Lapin

4 身頃リブ(共布)を外表に細長く折り、衿ぐり
表に軽く引っぱりながら縫いつける。

5 袖口から脇線を中表に縫い合わせる。

6 裾線に身頃リブを**4**と同様に縫いつける。

7 前立てに身頃リブを**4**と同様に縫いつける。

8 スナップ4組を均等に前立てにつける。

9 貝ボタン4個を前立て表につける。

10 左胸元に25番刺しゅう糸で、ワンピースの
柄を刺しゅうする。

■ルーズフィットのソックス　型紙71ページ

◆材料　針抜きオーガニックコットン横30cm×
縦10cm

1 はき口を1cm内側に折る。

2 前中心から中表に二つに折り、後ろ中心〜底
を縫い合わせ、表に返す。

■フランスパン　型紙71ページ

◆材料(2本分)綿キルト芯(warm&natu-
ralなど)17cm×17cm　紅茶ティーバッグ1袋
インスタントコーヒー1さじ　中綿適量

1 返し口を残してまわりを縫い、表に返して全
体に軽く綿を詰め、返し口を閉じる。

2 裏側から針を刺し、糸かけ位置に糸を渡しな
がら刺す。

3 一度湯通しして軽く絞り、紅茶液(ティーバ
ッグ1袋に熱湯100ml)に浸す。

4 全体に色が染みたら、軽く絞って日に干す
(洗たくバサミの跡に注意)。

5 乾燥させてから、コーヒー液(インスタント
コーヒー1さじに湯少々)を筆または指先で表
面に軽く塗り、完全に乾かす。

■紙袋　型紙72ページ

◆材料　クラフト紙横19.5cm×縦12cm　のり

1 型紙の折り線に沿ってクラフト紙を折り、
のりしろをのりづけする。

2 下端から3.3cm全体に折り上げ、底マチを開
いてたたむ。

3 底をのりまたはセロテープでとめる。

4 表面にサインペンでイラストを描く。

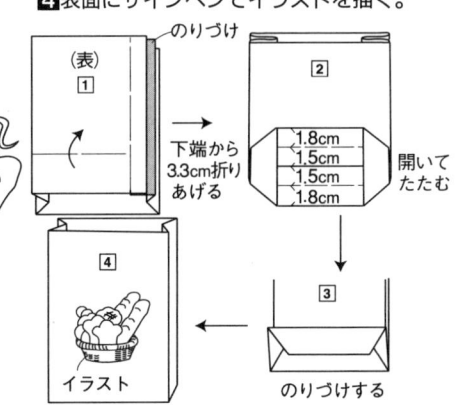

(表)

のりづけ

開いて
たたむ

下端から
3.3cm折り
あげる

1.8cm
1.5cm
1.5cm
1.8cm

イラスト

のりづけする

6月の暮らし	ドール・エリカ

水色のレインコートのセット
写真10・11ページ

■ブルーチェックのブラ　型紙67ページ　作り方43ページ

■ブルーチェックのショーツ　型紙67ページ　作り方43ページ

■白のストッキング　型紙67ページ　作り方43ページ

■白のブーツ　型紙45・68ページ　作り方45ページ

■白黒ドット柄のワンピース　型紙73ページ

◆材料　白地黒ドット柄の木綿地横35cm×縦40cm　直径1cm黒ボタン6個

1 脇布2枚を脇線で中表に縫い、縫いしろを割る。

2 脇スカートのプリーツをアイロンで折り、プリーツが乱れないよう、しつけしておく。

3 縫い合わせた脇布と脇スカートを中表に合わせて縫う。縫いしろは身頃側に倒す。

4 脇布のカーブ部分に切り込みを入れ、前身頃と中表に合わせ裾まで縫う。縫いしろは身頃側に倒しておく。

■白黒ドット柄のワンピース

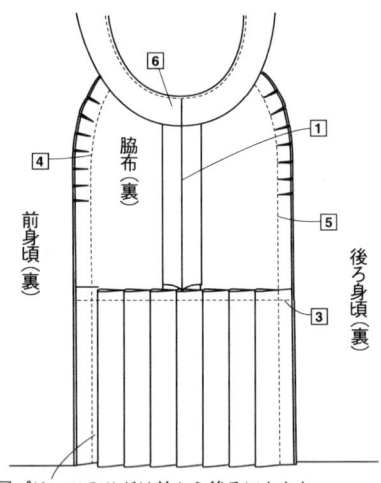

2 プリーツのひだは前から後ろにたたむ

5 同様に後ろ身頃と縫い合わせる。

6 前後見返しを中表に合わせて脇を縫う。

7 身頃と見返しを中表に合わせ、袖下から前後続けてぐるりと縫う。表に返してアイロンで形を整える。

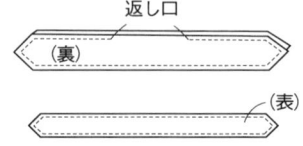

8 右脇下から袖ぐり～後ろ衿ぐり～左袖ぐり～前衿ぐり～右袖ぐりと続けて、表側から押さえミシン。

9 後ろ身頃ボタンホール位置にボタンホールを作る。

10 裾を5mm折り、さらに1cm折り上げて三つ折りし、ステッチする。

11 サイドベルト2枚を中表に合わせて、返し口を残してまわりを縫い、余分な縫いしろを切り落として表に返す。

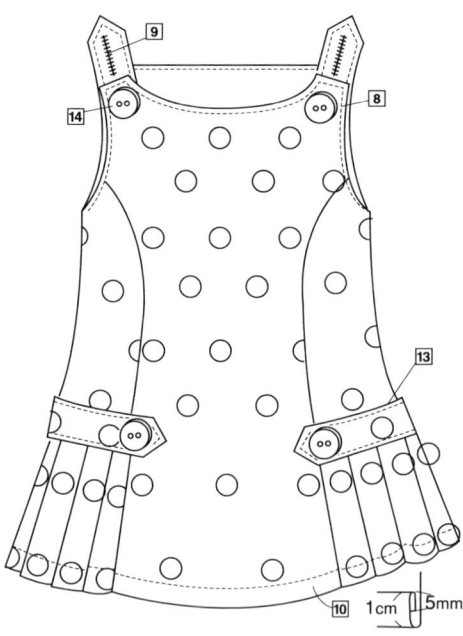

返し口

（裏）

（表）

12 返し口を折り込み、アイロンで押さえてまわりを一周ステッチする。

13 脇布と脇スカートの縫い目の上にベルトをのせ、前後をボタンと共に縫いとめる。

14 前衿ぐりボタン位置にボタンをつける。

■水色のレインコート　型紙85・86ページ

◆材料　水色ビニールコーティング地横60cm×縦35cm　直径1cmボタン（黒）5個　直径6mmスナップ（黒）3組

1 袖口縫いしろを5mm内側に折り、黒糸でステッチする。

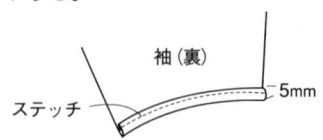

袖（裏）

ステッチ　5mm

2 前後身頃を中表に合わせて、肩を縫う。

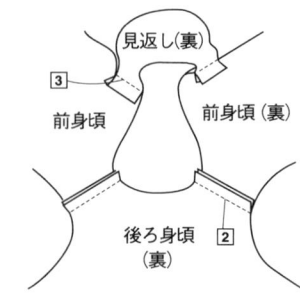

見返し（裏）

3　前身頃

前身頃（裏）

前身頃（裏）

後ろ身頃（裏）　**2**

3 前裁ち出し見返しと後ろ衿ぐり見返しを中表に合わせて、肩を縫う。

4 ポケットの上端およびポケット口を除いた部分をぐし縫いし、厚紙で作った型紙に合わせて糸を引き、当て布をしてアイロンで押さえる。

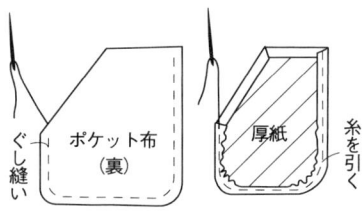

ぐし縫い

ポケット布（裏）

厚紙

糸を引く

5 ポケット上端とポケット口をできあがりに折り、ポケット口に黒糸でステッチする。

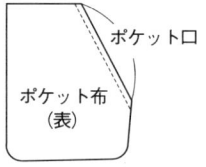

ポケット口

ポケット布（表）

6 身頃の袖ぐり縫いしろに切り込みを入れ、袖山と中表に合わせて縫いつける。

7 フードの縁の縫いしろを内側に折り、黒糸でステッチする。

8 フードのダーツ部分をつまんで縫い、縫いしろを前側に倒す。

9 フードを中表に合わせ、後ろ中心を縫う。縫いしろはアイロンで割る。

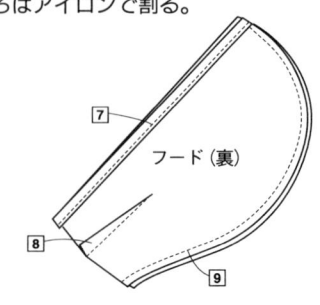

7

フード（裏）

8

9

10前身頃の衿ぐりに切り込みを入れ、フードのカーブと中表に合わせ、その上に見返しを中表に合わせて縫う。

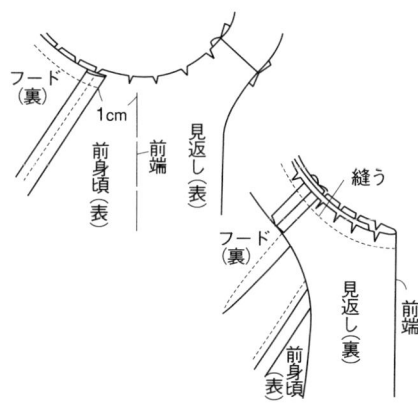

11見返し裾を中表に折り、縫う。

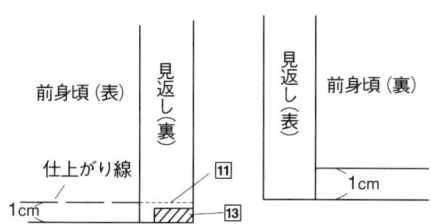

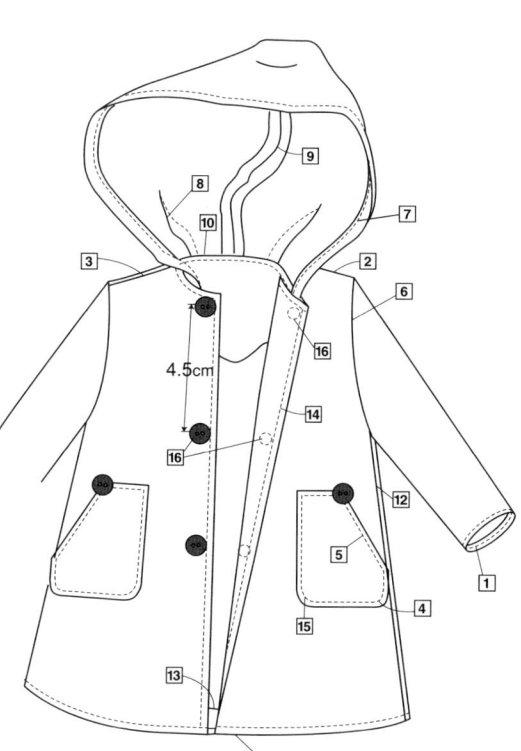

12身頃を中表に合わせ、袖口から裾まで脇を縫う。縫いしろはアイロンで割る。

13見返し裾の余分な縫いしろをカットし、表に返す。裾の縫いしろをできあがりに折る。

14表側から周囲を一周ぐるっと黒糸でステッチする。

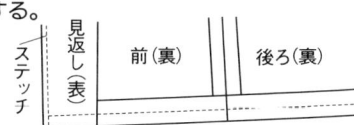

15ポケット5を前身頃のポケット位置に合わせてマチ針でとめ、ポケット口以外の周囲を黒糸でステッチする。角にボタンをつける。

16前あきにスナップを3組つけ、表側にボタンを3個つける。

■傘（直径約24.5cmのミニチュア傘）　型紙86ページ

◆材料　ミニチュア傘1本　水色ビニールコーティング地横63cm×縦14cm　山道テープ赤9cm　橙色8cm　黄色7cm　緑7cm　青6.5cm　1cm幅水色リボン27cm

1ミニチュア傘の石突きをはずし、張ってある布の糸を切って取り去る。

2張り地の1枚に山道テープを赤から順に橙色→黄色→緑→青と縫いつける。

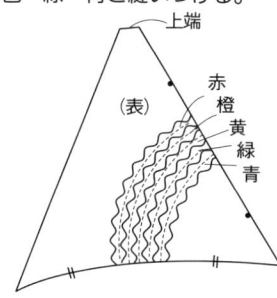

3張り地6枚の外周にあたる部分の縫いしろを折り、ステッチする。

4 6枚の直線部分を中表にすべて縫い合わせる。縫いしろは当て布をして、アイロンで割っておく。

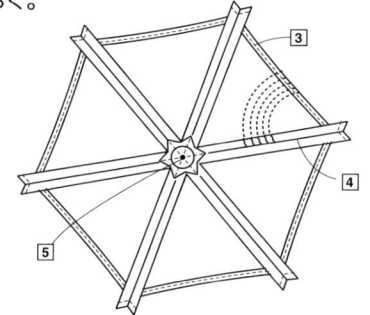

5上端縫い線を一周ぐし縫いして傘の骨に被せ、糸を引きとめる。石突きを元通りにはめる。

6外周頂点を折り込み、それぞれ骨の穴部分に糸で縫いとめる。

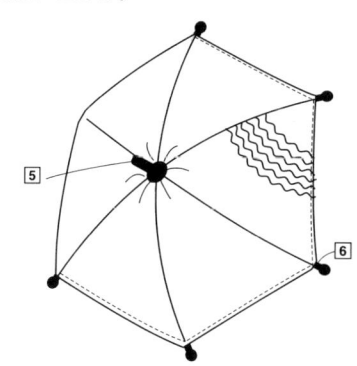

＊傘の大きさが異なる時

手に入ったミニチュア傘の張り地をはずして、その1枚を型紙にして張り替えましょう。

＊ミニチュア傘が手に入らないとき
■なんちゃってパラソル

◆材料　直径2mm程度の白アルミワイヤー21cm　木綿地またはレース地横29cm×縦29cm　1cm幅リボン27cm

1ワイヤーを図のように曲げる。

2布を直径29cmの円形に裁ち、図のようにワイヤーを包んでリボンで縛る。

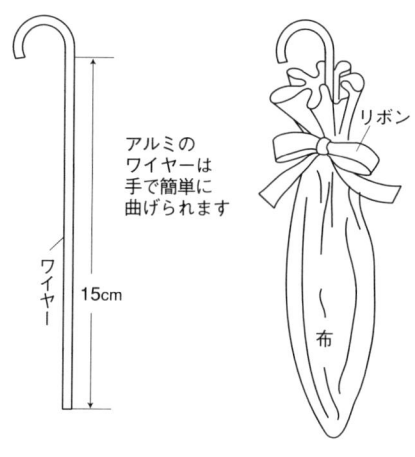

＊ビニールコーティング地では固いのでできません。木綿地やレース地を使って下さい。

7月の暮らし　ドール・マイコ、アイコ
ゆかたのセット
写真12・13ページ

■白のショーツ・ブルーチェックのショーツ　型紙67ページ　作り方43ページ

■補正用ガーゼ（1体分）

◆材料　ガーゼ①横12cm×縦28cm 1本　ガーゼ②横16cm×縦84cm 1本

❶ガーゼ①を縦に二つ折りにし、さらに二つ折りをして、幅約3cmに細長くたたむ（衿元補正用）。

❷ガーゼ②の長さを二つに折り、さらに縦に2回二つ折りして幅約4cmにたたむ（胴まわり補正用）。

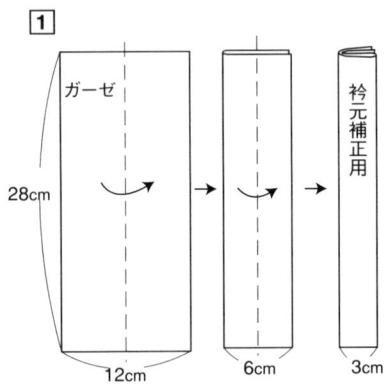

❶

ガーゼ

28cm

12cm　6cm　3cm

衿元補正用

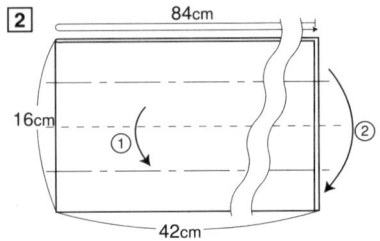

❷

84cm

16cm

①　②

42cm

◆補正のしかた

❶ドールにショーツをはかせておく。

❷首に、衿元補正用のガーゼを掛け、そのまままっすぐウエストの方におろす。

❸胴まわり補正用ガーゼを❷の上からウエストまわりに巻きつけ、ショーツを上に被せて押さえる。先端の上側はガーゼの中に折り込む。

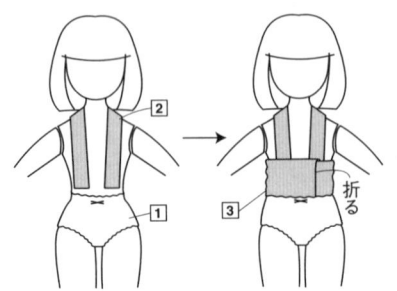

❷　❶　❸　折る

■ゆかた（1枚分）　型紙87・88ページ

◆材料　木綿地横42cm×縦66cm　ガーゼ横8cm×縦28cm（手ぬぐいを使用する場合は幅33cm×長さ90cm以上のものを使用。ゆかたの丈は少々短くなります。）

❶左右の身頃の後ろ中心を中表に合わせ縫う。縫いしろは、左後ろ身頃側に倒す。

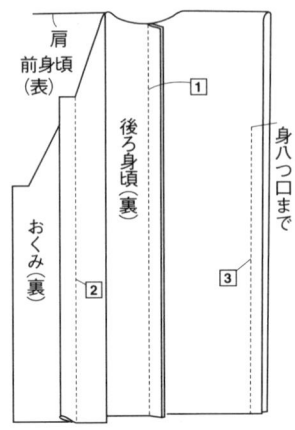

肩　前身頃（表）　①
後ろ身頃（裏）　身八つ口まで
おくみ（裏）　②　③

❷おくみ位置を縫い、おくみ側に倒す。

❸肩線から中表に折り、脇を縫う。

❹袖を肩線で中表に折り、袖下から袖口止まりまで縫う。

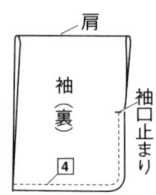

肩　袖（裏）　袖口止まり　❹

❺袖口の縫いしろを三つ折りにしてまつる。

❻たもとの縫いしろのカーブ部分をぐし縫いして丸みを作り、前身頃側に倒してアイロンで押さえる。表に返しておく。

❼袖を身頃の内側に中表の状態で合わせる。

❽袖つけ線を縫う。

❾縫いしろを割り、身八つ口とたもとの振りを折って縫う。

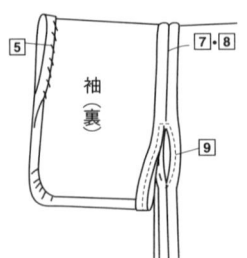

❺　❼・❽　袖（裏）　❾

❿衿下の縫いしろを三つ折りにしてまつる。

⓫裾の縫いしろを三つ折りしてまつる。角は中に折り込む。

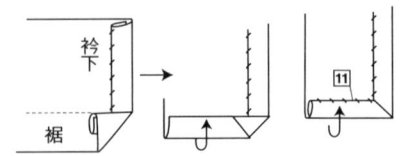

衿下　裾　⓫

⓬衿ぐりのカーブ部分に切り込みを入れる。

⓭衿の縫いしろは、あらかじめアイロンで折っておく。

⓮衿と衿ぐりを中表に縫い合わせる。衿の先の縫いしろは内側に折り込む。

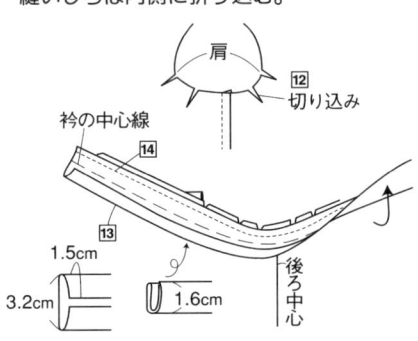

肩　⓬　切り込み　衿の中心線　⓮　⓭　後ろ中心
1.5cm　3.2cm　1.6cm

⓯衿を中心線から折り、身頃の裏側に返して身頃にまつりつける。

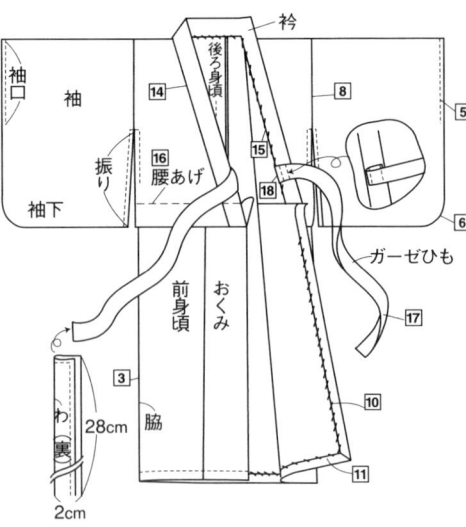

袖口　袖　衿　後ろ身頃　⓮　⓬　⓯　❽　⓯
振り　⓰腰あげ　⓲　ガーゼひも
袖下　前身頃　おくみ　⓱
❸　28cm　脇　⓲　2cm　⓲　⓫　⓰

⓰ドールに着せつけてみて、必要な丈に腰あげをする。

⓱ガーゼを細長く折り（4cm×28cmの裁ち切り）、5mmの縫いしろで三辺を縫い、表に返す。

⓲裏衿の両側にひもの端、返し口側を1cm折り、縫いつける。

■帯（1本分）　型紙88ページ
◆材料　厚手の紬地横100cm×縦10cm　ほつれ止め液
1紬地を裁ち、周囲にほつれ止め液を塗る。
＊細長く二つ折りにして使用する。
■帯板（1枚分）　型紙88ページ
◆材料　厚紙横4cm×縦8cm
1厚紙を指定寸法に切る。

文庫の結び方

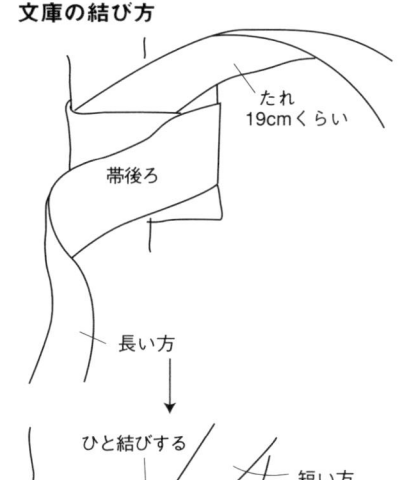

たれ
19cmくらい

帯後ろ

長い方

ひと結びする

短い方

長い方を先から9cmくらいずつ3回
たたみ、背中に当てる

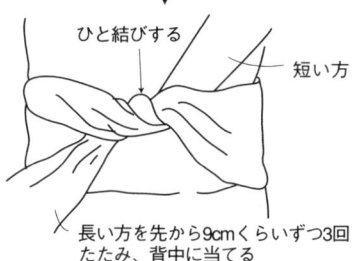

短いたれを整える

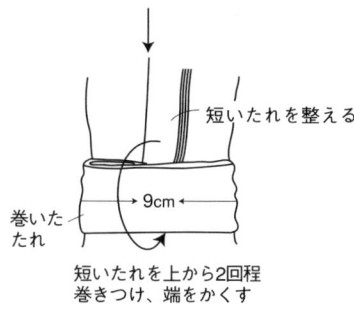

巻いたたれ

9cm

短いたれを上から2回程
巻きつけ、端をかくす

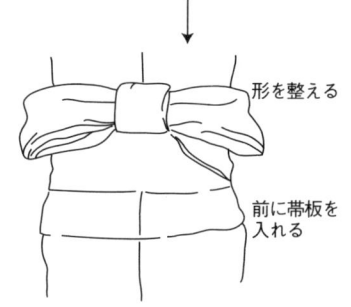

形を整える

前に帯板を
入れる

■下駄（1足分）　型紙87ページ
◆材料　厚さ3mm幅3cmのバルサ板30cm　赤縮緬ひも34cm（または赤縮緬地横1.5cm×縦34cm　極太毛糸34cm）　26番ワイヤー42cm　カッター　ボンド　サンドペーパー（荒目・細目）　目打ちまたは千枚通し　黒塗りの下駄は黒のアクリル絵の具とニス　筆
1バルサ板を6cm2枚⊗と3cm4枚⊕、1.5cm4枚⼩にカットする（カッターで簡単に切れる）。
2⊕を2枚ずつ2組、⼩を2枚ずつ2組それぞれボンドで貼り合わせる。

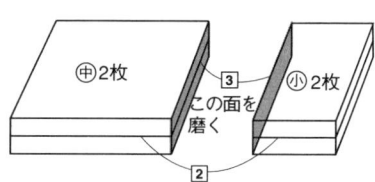

⊕2枚
⼩2枚
この面を磨く

3しっかり接着してからサンドペーパー細目で断面を磨く。
4磨いた面が内側にくるようにして、⊗の板にボンドで貼り合わせる。

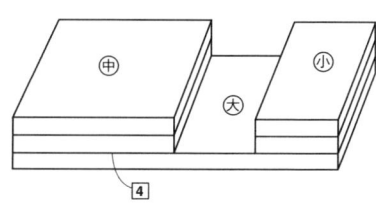

⊕
⊗
⼩

5しっかり接着してから、型紙を当てて目安線を引き、サンドペーパー荒目で角を落とし、丸みをつけて磨き整える。

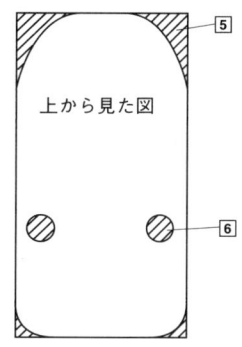

上から見た図

6サンドペーパー細目で全体を軽く磨き、鼻緒位置に目打ちか千枚通しで穴をあける。穴は直径5mmくらいまでゆっくり広げる（急ぐと木が割れるので注意）。

6サンドペーパー細目で磨いてこのような形に整える

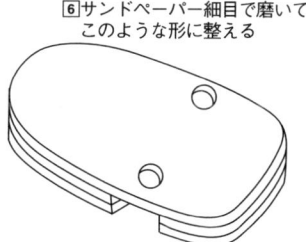

7（黒下駄の場合）黒のアクリル絵の具で底以外を塗る。乾いたら重ね塗りを繰り返す（3〜4回）。完全に乾かしてから、ニスを塗る。
8鼻緒用の縮緬ひも17cmに26番ワイヤー1本を通し、両端2cmずつ出してワイヤーを切る。

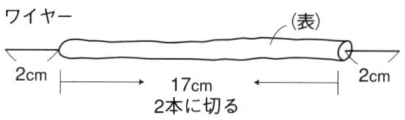

ワイヤー
（表）
2cm　17cm　2cm
2本に切る

9ワイヤーの通った鼻緒を固結びして、中央に結び目を作る。
10鼻緒を穴から通し、裏側でワイヤーをねじってとめる。余分は切る。

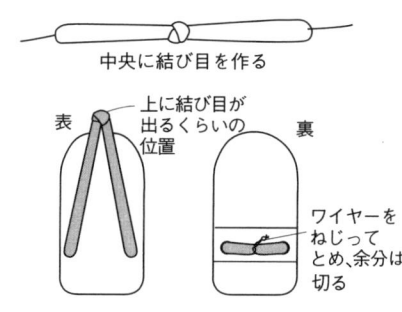

中央に結び目を作る

表
上に結び目が出るくらいの位置

裏
ワイヤーをねじってとめ、余分は切る

＊鼻緒の形をワイヤーで維持した状態でドールの足にはかせることができます。

※縮緬ひもがない場合

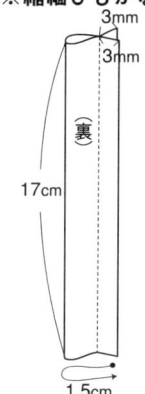

3mm
3mm
（裏）
17cm
1.5cm

1赤縮緬地を17cm2本に切り、中表に合わせて縫いしろ3mmで縫い、表に返す。
2極太毛糸を中に通す。

8月の暮らし（左）　　ドール・ジーン
マリンルック・ボックスプリーツの
ワンピースのセット　写真14・15ページ

■白のショーツ　型紙67ページ　作り方43ページ■白のブラ　型紙67ページ　作り方43ページ■白のTストラップの靴　型紙68ページ　作り方45ページ■白の旅行かばん　作り方55ページ

■ボックスプリーツのワンピース　型紙74・76ページ

◆材料　白オックスフォード地横50cm×縦15cm　紺綿麻混紡地横48cm×縦13cm　薄手木綿地（裏セーラーカラー・見返し用）横35cm×縦15cm　セーラーテープ（紺）32cm　1cm幅グログランリボン（水色）24cm　直径6mmスナップ（銀）4組　25番刺しゅう糸（水色）・ほつれ止め液各少々

1 前後身頃の肩を中表に合わせて縫う。
2 衿ぐり見返しを中表に合わせて縫う。

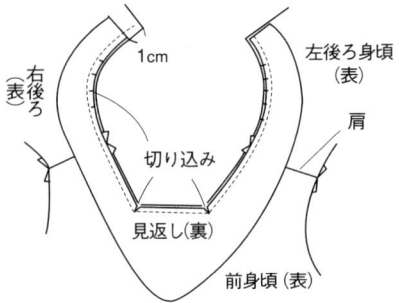

3 見返しを身頃裏側に返し、後ろあきを1cm折って、衿ぐりにステッチする。

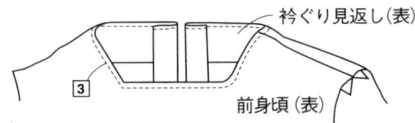

4 脇を中表に縫う。縫いしろを割っておく。
5 袖ぐり見返しを袖ぐりに中表に合わせて縫う。身頃裏側に返す。
6 袖ぐり見返し端を三つ折りにしてまつる。

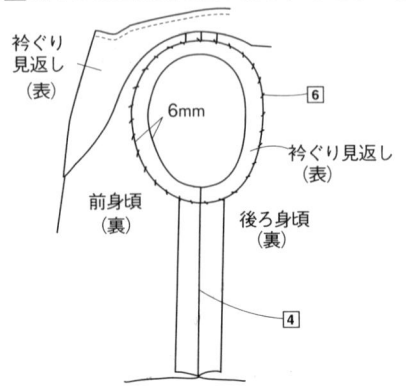

7 スカートの裾を5mm折り、さらに1cm折り上げてアイロンで押さえ、表からステッチする。
8 型紙に合わせてプリーツを折り、アイロンでしっかり押さえる。ミシンで仮りどめしておく。

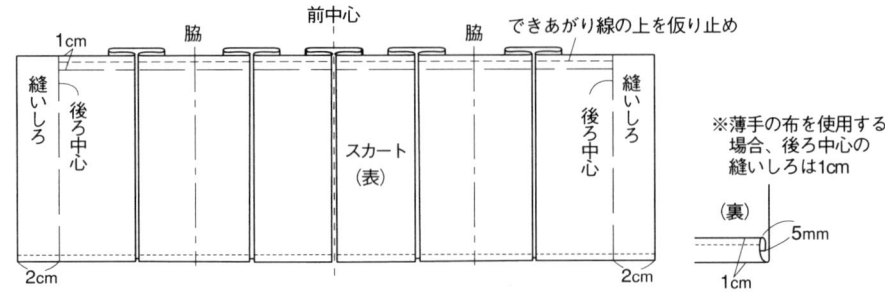

9 裏からみて身頃の上にスカートを重ね、仮りどめの5mm下を縫う。

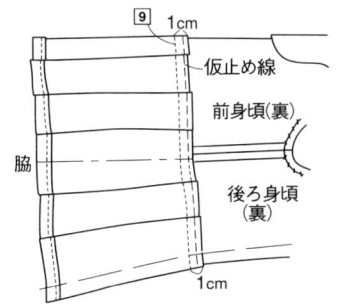

10 ウエストベルトを上下1cmずつアイロンで折る。

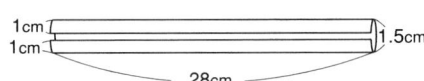

11 スカートを縫い合わせた線の上にウエストベルトを下側のアイロン線を合わせて縫いつける。

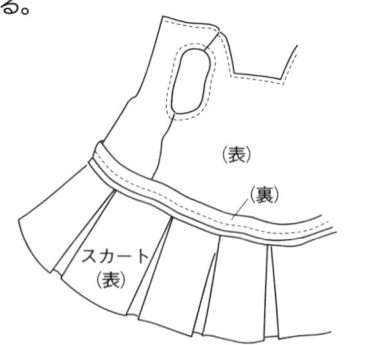

12 ベルトを折り上げ、上端をステッチでつける。

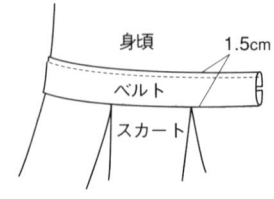

13 後ろあきを身頃端に合わせて1cmずつ折り、裾までステッチする。
14 裾からあき止まりまで中表に縫い合わせ、右後ろあきにステッチ。

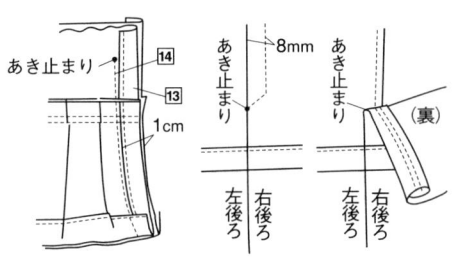

15 後ろあき全体をアイロンで右側に倒し、スナップ2組をつける。
16 前身頃左腰にイカリのマークを刺しゅうする。

実物大図案
ストレートステッチ
25番刺しゅう糸
水色2本どり
バックステッチ
バックステッチ

17 セーラーカラーを作る（55ページ12 - ①〜⑥と同じ）。
18 セーラーカラーのスナップ凸を身頃に合わせて目印をつけ、スナップ凹を2個つける。

■ストレートソックス　型紙76ページ
◆材料　白薄手メリヤス地横10cm×縦22cm

1 はき口縫いしろを1cm折り、前中心から中表に二つに折り、型紙をはき口に合わせて写す。
2 型紙線に沿って縫い、5mmの縫いしろをつけて裁つ。
3 はき口から表に返す。

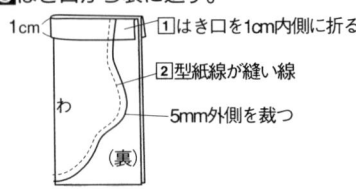

1 はき口を1cm内側に折る
2 型紙線が縫い線
5mm外側を裁つ

<table>
<tr><td>8月の暮らし（右）</td><td>ドール・コニー</td></tr>
</table>

マリンルック・紺のワンピースのセット
写真14・15ページ

■**ブルーチェックのショーツ** 型紙67ページ
作り方43ページ

■**ブルーチェックのブラ** 型紙67ページ **作り方43ページ**

■**白のワンストラップの靴** 型紙68ページ **作り方45ページ**

■**紺のワンピース** 型紙75・76ページ

◆**材料** 紺綿麻混紡地横42cm×縦30cm 白オックスフォード地横13cm×14cm 木綿薄地（裏セーラーカラー・見返し用）横22cm×縦25cm セーラーテープ（紺）32cm 1cm幅グログランリボン（水色）24cm 直径6mmスナップ（銀）3組 直径8mmスナップ（銀）3組 直径1.1cmボタン（金）4個 ほつれ止め液

1前後身頃の肩線を中表に縫う。

2袖口の縫いしろを三つ折りし、ステッチをかける。

3身頃袖ぐりに袖山を中表に合わせ、縫う。

4見返しの後ろ中心を中表に縫い合わせる。

5見返しを中表に身頃に合わせ、裾～前端～衿ぐり～前端～裾を縫い、つける。

6袖下から裾まで脇を中表に縫い、表に返す。

7前裾の見返しを表に返して整え、全体をアイロンで押さえる。見返しが浮く場合は目立たないように縫いとめる。

8裾を5mm折り、さらに1cm折ってステッチ。

9胸当て角内側に6mmスナップ凸側を、左身頃に凹側をつける。

10前あきに8mmスナップ3組をつける。

11前あき表側に金ボタンを4個つける。

12セーラーカラーを作る。

❶表布と裏布を中表に合わせ、返し口を残して、周囲をぐるりと縫う。

❷角の縫いしろを切り落とし、カーブのきつい部分に切り込みを入れて表に返し、アイロンで形を整え、返し口をとじる。

❸セーラーテープ（紺）を外縁から4mmに縁を合わせて縫う。

❹水色グログランリボンを11cmと13cmに切り分け、それぞれの端にほつれ止め液を塗る。

❺乾いたら、セーラーカラー裏側の指定位置に縫いとめる。

❻表側スナップ位置に6mmスナップの凸側を両側1個ずつつける。

13胸当てにスナップ凹側を2個つける。

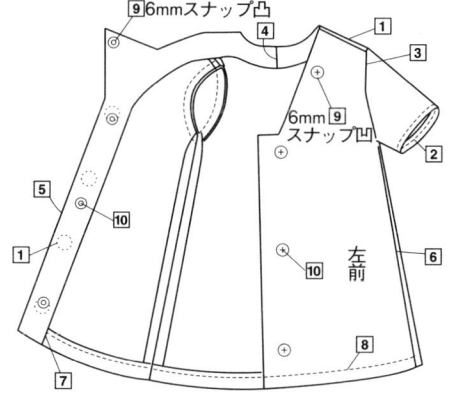

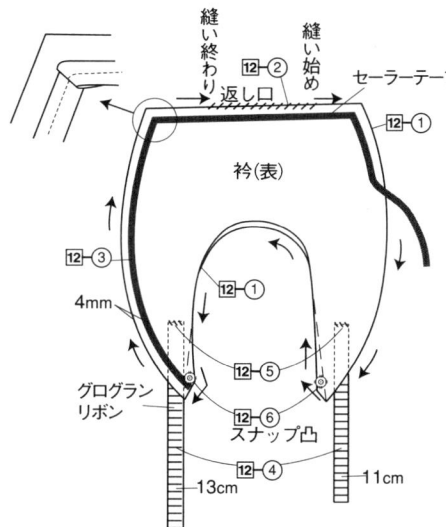

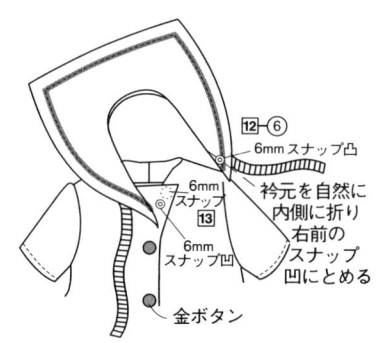

■**薄手の三つ折りソックス**

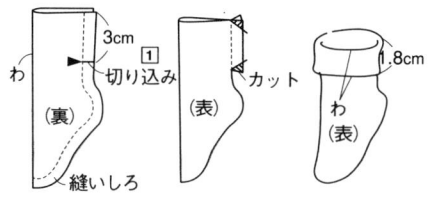

■**薄手の三つ折りソックス** 型紙76ページ

◆**材料** 白薄手メリヤス地横10cm×縦25cm

1はき口以外に5mmの縫いしろをつけて裁ち、縫いしろの図の位置に切り込みを入れる。

2切り込みからつま先まで縫う。

3表に返して残り部分を縫い、縫いしろの角をカットする。

4はき口を三つ折りにする。

■**セーラーハット**

◆**材料** ドール用直径9cmセーラーハット（ヘアスタイルにもよりますが、頭囲28cm前後の帽子が合います） 白スプレーペイント 1cm幅グログランリボン（水色）39cm 直径9mmボタン（水色）1個 ボンド ほつれ止め液

1ドール用セーラーハットのブリムを2.5cm程度の長さにカットする。（シート用の素材を熱成型したタイプのセーラーハットのみ可。麦わら帽子はカットするとほつれてしまう。）

2内側、外側全体に白スプレーを吹きつけ、ペイントする。

3よく乾かしてから水色リボンを巻きつけ、両端を斜めにカットし、ほつれ止め液を塗る。

4リボンクロス部分にボタンをボンドで貼る。

■**白の旅行かばん**

◆**材料** 柳または藤素材のミニチュアランチボックス（縦6cm×横9cm×高さ3.5cm程度のもの） 皮革（厚さ1mm程度のもの）7mm幅22cm ドールサイズ角バックル（金）1個 白スプレーペイント マジックテープ少々 ボンド

1ランチボックス全体に白スプレーを吹きつけてペイントし、よく乾かす。

27mm幅皮革を11cm2本に切り、さらにコーナーを三角に切り落としておく。

3バスケット裏側から上側にかけて中央に皮革を貼り、先端にバックルを通す（中央ベルト）。

4手で凸型にくせづけをしたもう一本の皮革を上側部分にボンドで貼る（持ち手）。

53の皮革の先とバスケットにマジックテープをつける。

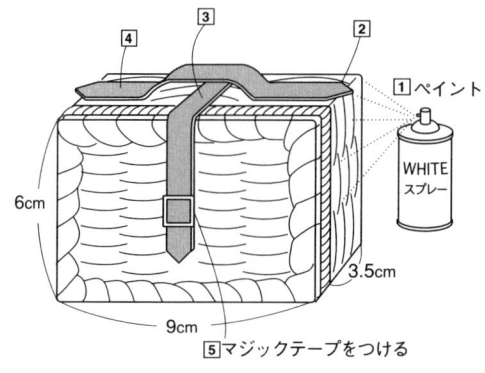

9月の暮らし	ドール・シンシア
エプロンドレスのセット
写真16・17ページ

■レースアップシューズ 型紙68ページ **作り方45ページ**

■白のドロワーズ 型紙90ページ

◆材料 白綿ローン横46cm×縦21cm 2cm幅綿レース38cm 4コールゴム45cm

1 裾に綿レースを中表に縫いつける。

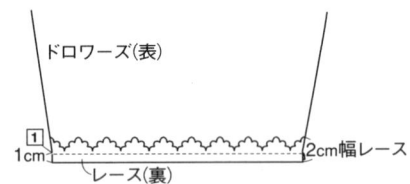

2 表から押さえミシン。

3 裏側縫い線上に4コールゴム（12cm）を重ね、引っぱりながら縫いつける。

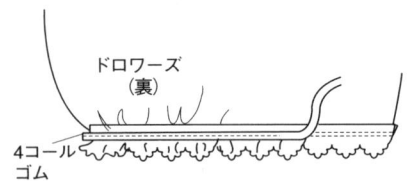

4 前股上を中表に縫い合わせ、縫いしろを割って、ウエストを1cm折りステッチする。

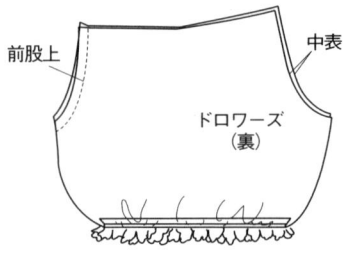

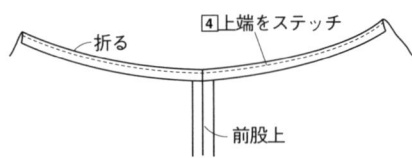

5 ステッチ線の下に4コールゴムを重ね（20cm）、引っぱりながら縫いつける。

6 後ろ股上を縫い合わせる。

7 股下を縫い合わせる。

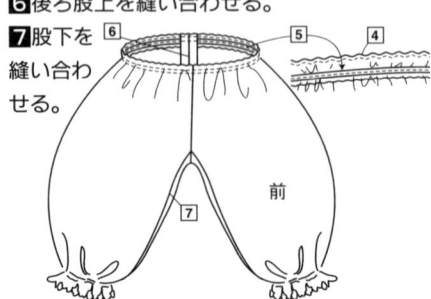

■白のロングスリップ 型紙89・90ページ

◆材料 白綿ローン横76cm×縦26cm 1.3cm幅リボンレース24cm 2.5cm幅ギャザーレース76cm かぎホック（銀）2組 直径6mmスナップ（銀）2組

1 身頃の肩ひもつけ位置に12cmに切ったリボンレースをマチ針でとめ、見返しを中表に合わせてのせる。後ろあきから反対側の後ろあきまで縫い合わせる。

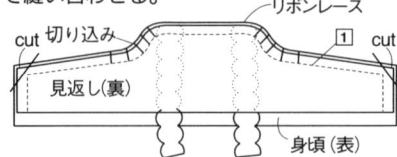

2 縫いしろの角を切り落とし、カーブに切り込みを入れて表に返し、ステッチする。

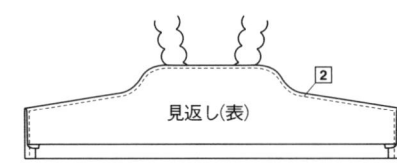

3 スカート裾にギャザーレースを中表に縫いつけ、表から押さえミシン。

4 後ろ端を両端1cmずつ裏側に折り、アイロンで押さえる。

5 折り返した部分は除いて、ウエスト部分をぐし縫いし、ギャザーを寄せて身頃と中表に縫い合わせる。

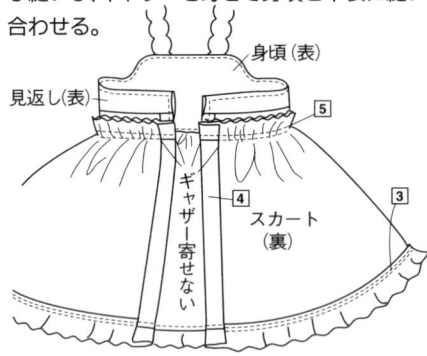

6 後ろ端の折り線を開いて中表に合わせ、折り線上（アイロン線上）をあき止まり（ウエストから5cm）まで縫う。元通りに縫いしろを割り表に返す。

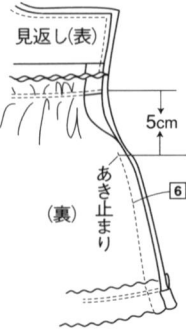

7 後ろあきにかぎホックをつける。

8 肩ひも（リボンレース）の先を1cm裏側に折り、表側にスナップ凸をつける。

9 肩ひもを背中でクロスさせ、身頃のつけ位置にスナップ凹をつける。

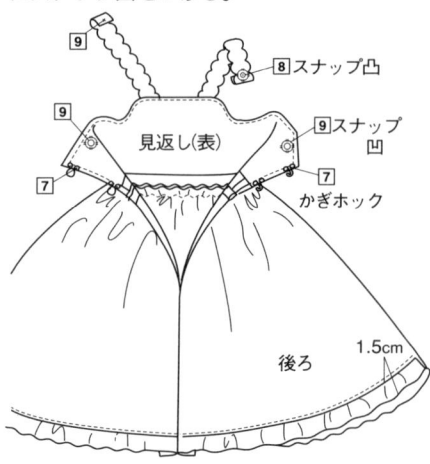

■花柄ガーゼ地のワンピース 型紙89・90ページ

◆材料 花柄ガーゼ地横78cm×縦45cm 1cm幅トリミングテープ50cm 直径1.1cmボタン3個 直径6mmスナップ（銀）6組 4コールゴム14cm

1 前後身頃のダーツを縫う。

2 前後身頃の肩を中表に縫う。縫いしろを割る。

3 衿2枚を中表に合わせて外まわりを縫い、余分な縫いしろを切り落とす。表に返しアイロンで押さえる。

4 見返しを接ぎ合わせ（50ページ参照）、身頃と見返しで衿をはさみ、衿ぐりを縫う。

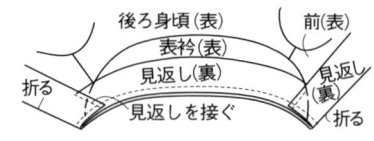

5 縫いしろに切り込みを入れて見返しを身頃の裏に返す。前端をできあがりに折ってアイロンで押さえる。

6 袖口を5mmずつの三つ折りにしてステッチ。

7 裏側にトリミングテープを重ねて縫う。

8 さらに縫い線の上に4コールゴム（7cm）を重ね、引っぱりながら縫いつける。

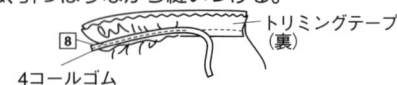

9 袖山にギャザーを寄せ、身頃と中表に縫う。

10 スカートの前端両側を1cm折り、その部分は除いて、上端から1cmのところをぐし縫いし、ギャザーを寄せる。

スカート（表）

11 袖下から脇を続けて中表に縫う。

12 10のスカートを身頃と中表に縫い合わせる。

13 右前端にトリミングテープを縫いつける。トリミングテープは上端を1cm折る。

14 裾フリル（6cm×68cm 2本）の後ろ中心を中表に縫い、前端両側を1cmずつ折り、さらに裾を5mm折ってステッチ。

15 フリル上端から5mmのところをぐし縫いしてギャザーを寄せ、スカートの裾に中表に縫いつける。

16 6mmスナップを身頃に3組、スカートに3組つける。

17 ボタンを身頃スナップ位置に3個つける。

■ギンガムチェックのエプロン 型紙89・90ページ

◆材料 ギンガムチェック地横78cm×縦37cm 山道テープ78cm 25番刺しゅう糸パープル・モスグリーン各適宜

1 前後身頃の肩を中表に縫い合わせる。縫いしろは割る。表裏2枚作る。

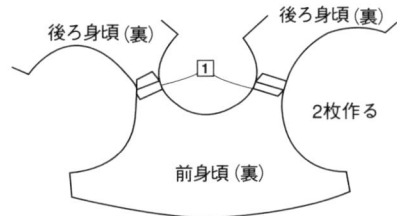

後ろ身頃（裏）

前身頃（裏）

1

2枚作る

2 表裏2枚の身頃を中表に重ね、後ろ端～衿ぐり～後ろ端を縫う。

3 袖ぐりを縫い合わせる。

4 カーブに切り込みを入れ、表に返してアイロンで押さえる（肩のところからどんでん返し）。

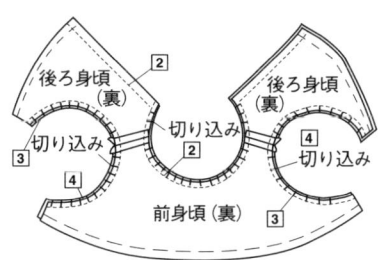

後ろ身頃（裏） 後ろ身頃（裏）
切り込み 切り込み 切り込み
前身頃（裏）

5 前後身頃の表布どうし、裏布どうしの脇をそれぞれ中表に合わせ、表裏続けて縫う。できあがりに折ってアイロンで押さえる。

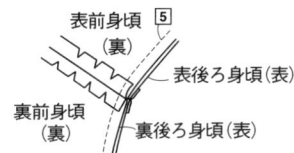

表前身頃（裏）
表後ろ身頃（表）
裏前身頃（裏）
裏後ろ身頃（表）

6 スカートの後ろ両端を5mmずつの三つ折りにして、ステッチする。

7 ポケット布5mm内側をぐし縫いして糸を軽く引き、自然な丸みをつけアイロンで押さえる。

8 ポケット口側を1cm折って、5mmのところをステッチし、図案に沿って刺しゅうする。前身頃中心にも同様に刺しゅうする。

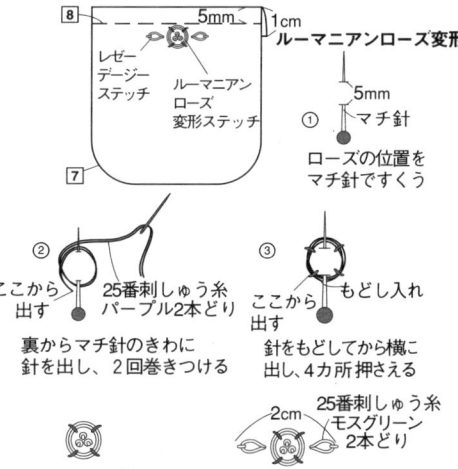

ルーマニアンローズ変形

レゼーデージーステッチ
ルーマニアンローズ変形ステッチ

① 5mm マチ針
ローズの位置をマチ針ですくう

② ここから出す
25番刺しゅう糸パープル2本どり
裏からマチ針のきわに針を出し、2回巻きつける

③ ここから出す
もどし入れ
針をもどしてから横に出し、4カ所押さえる

④ マチ針を抜き中央にフレンチノットステッチを、3個刺す

⑤ 脇にレゼーデージーステッチを2つ刺す
25番刺しゅう糸モスグリーン2本どり

9 図の位置にポケットを縫いつける。

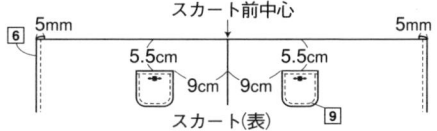

スカート前中心
5mm 5.5cm 5.5cm 5mm
9cm 9cm
スカート（表）

10 スカート上端をぐし縫いしてギャザーを寄せ、身頃の裏布と外表に縫い合わせる。

11 表布をアイロンでできあがりに折り、スカート布に重ねて表側からステッチする。

12 フリルの両端を5mmずつの三つ折りにして縫う。裾も5mmの三つ折りにしてステッチする。

13 ぐし縫いしてギャザーを寄せ、スカート裾に中表に縫いつけスカート側に倒す。

14 山道テープを縫い線の1cm上に縫いつける。

15 背ひもを4本作り、それぞれ縫いつける。

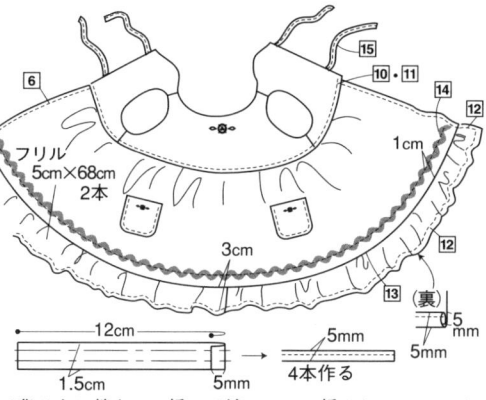

フリル
5cm×68cm
2本
3cm
1cm

12cm
1.5cm 5mm
5mm
5mm
4本作る

＜背ひも＞端を5mm折って縫い、三つ折りしてステッチ

■パープルのボンネット 型紙95・96ページ

◆材料 ギンガムチェック地横24cm×縦30cm 木綿無地横63cm×縦18cm 25番刺しゅう糸パープル・モスグリーン各適宜

1 ブリム布2枚を中表に合わせて前端を縫う。

2 カーブに切り込みを入れて表に返し、アイロンで押さえる。

3 クラウン布のつけ側端5mmのところをぐし縫いしてギャザーを寄せ、ブリムのつけ側と中表に縫い合わせる。

4 クラウン後ろ中心に合印を入れておく。

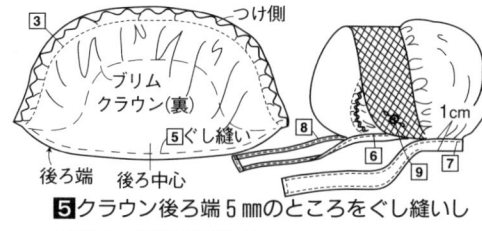

ブリム クラウン（裏）
つけ側
ぐし縫い
後ろ端 後ろ中心

5 クラウン後ろ端5mmのところをぐし縫いして13.5cmに縫い縮める。

6 ボンネットリボン（3.5cm×63cm）の中心と、クラウン後ろ端の合印を合わせ、裏側に縫いつける。

7 リボンを表に返して1cm幅に折り、クラウン後ろ端をくるむように折ってステッチする。

8 リボンの残り部分は端をすべて5mm折り、ステッチする。

9 ブリムのサイド2ヵ所に刺しゅうをする。

10月の暮らし	ドール・シンシア
ナイティのセット	
写真18・19ページ	

■ブルーのショーツ 型紙67ページ 作り方43ページ

■レースのアンダードレス 型紙91ページ

◆材料 白レース地横48cm×縦25cm 4cm幅アンティークレース50cm

1 前後身頃の肩を中表に縫い合わせる。縫いしろは割っておく。

2 衿ぐりに切り込みを入れて内側に折り、表から押さえミシン。

3 袖ぐりに切り込みを入れて内側に折り、表から押さえミシン。

4 片側脇を裾まで中表に縫い合わせ、割る。

5 裾にレースを中表に縫いつけ、縫いしろを上に倒して表から押さえミシン。

6 残しておいた脇を中表に裾まで縫い合わせる。表に返す。

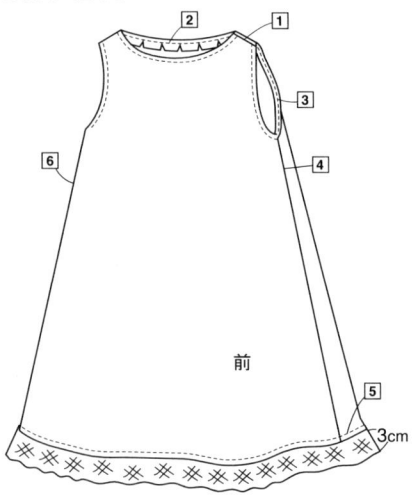

■ナイティ 型紙91・92ページ

◆材料 生成りフィードサックまたは厚手木綿地横78cm×縦44cm 4cm幅厚手綿レース78cm 1.2cm幅レースリボン35cm 1.5cm幅綿ギャザーレース84cm 山道テープ156cm 1.7cm幅ガーゼテープ30cm 直径1cm白貝ボタン9個 直径1cmプラスチックスナップ（白）5組 直径6mmスナップ（銀）2組

1 ヨークを型紙ページの作り方を参考に作る。

2 ヨークのカーブ部分にギャザーレースを中表に合わせて縫いつけ、表から押さえミシン。

3 前身頃に重ねて、衿ぐりを仮りどめしておく。

4 ヨークのついた前身頃と、後ろ身頃を中表に合わせ、肩を縫い、縫いしろを割る。

5 両前端の縫いしろを表側にアイロンで折っておく。

6 袖山にギャザーを寄せ、袖ぐりに中表に縫いつける。縫いにくい時は縫いしろに切り込み。

7 袖下あき止まりから脇を中表に縫い合わせ、表側からあき口まわりをステッチする。

8 袖口カフスのつけ側を残して、まわりの縫いしろを表側に折りアイロンで押さえる。

9 袖口にギャザーを寄せて8.5cmに縮め、折っておいた袖口カフスを重ねて縫いつける。

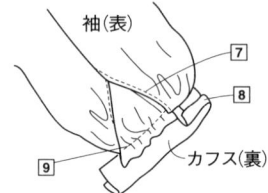

10 袖口カフスの表側に1.2cm幅レースリボンの両端を5mm折ってのせ、周囲をステッチする。

11 スカート脇を中表に縫い合わせ、割る。

12 裾に厚手レースを縫い線から3.5cm出るように中表に縫い合わせる。

13 山道テープを縫い線から2cm上に2本並べて縫いつける。

14 スカート前端を5mm表側に折り、アイロンで押さえておく。

15 前端から1.5cm控え、ウエスト部分をぐし縫いしてギャザーを寄せ、身頃と前端をそろえて中表に縫う。

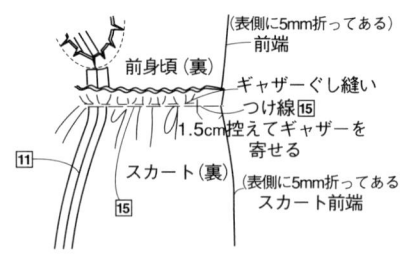

16 1.7cm幅ガーゼテープを左身頃前端にのせ、裾を合わせて折り込む。衿ぐりから裾までテープの両端を縫いつける。

17 前立て布両端にギャザーレースを中表に縫いつけ、表に返す（端側ギャザーレースは上端を1cm折っておく）。

18 右身頃前端にギャザーレースのついた前立てをのせ、裾をスカート裾に合わせて折り込み、前立ての両端をステッチする。

19 衿の前端縫いしろ5mmを表側に折り、さらに上端を5mm折り重ねてアイロンで押さえる。

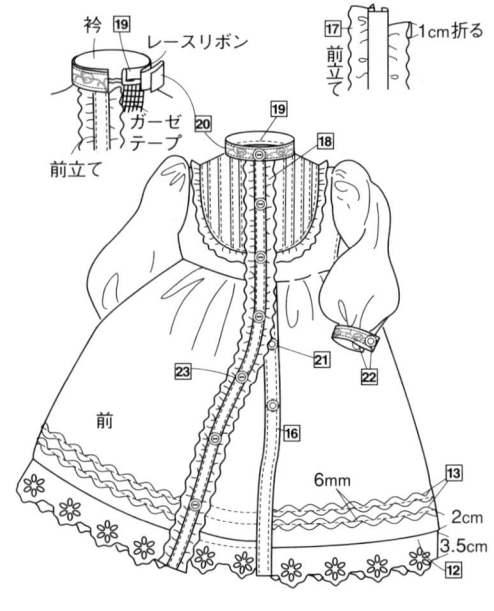

20 身頃の衿ぐりと中表に縫って表に返し、衿側にレースリボンを重ね、ステッチする。

21 衿端に1組、前立てに4組、直径1cmのスナップをつける。

22 袖口カフスに6mmスナップと貝ボタンをつける。

23 衿に1個、前立てに6個の貝ボタンをつける。

■ペンダント

◆材料 直径6mm淡水パール1個 銀色チェーン15cm 引きわ1組 リングつきキャップ1個 Cカン3個 接着剤

◆用具 丸やっとこ

1 リングつきキャップを淡水パールに接着剤でつける。

2 図のようにCカンでパーツをつなぐ。

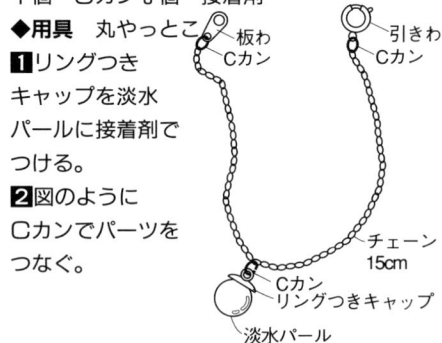

■シンシア・眠り目の作り方

◆材料（35ページの材料に加えて）黒シーチング横3.6cm×縦7cm 白糸 ボンド 爪楊枝

1 シーチングを幅1.8cmに切り、上端の横糸を2本残して横糸を抜く。

2 目の位置に爪楊枝の先でボンドを塗り、1 を貼りつける。

3 まぶたの線を白糸でバックステッチする。

4 好みでまつげをカットして整える。

11月の暮らし	ドール・エリカ

チェックのジャンパースカートのセット
写真20・21ページ

■白のショーツ 型紙67ページ 作り方43ページ ■白のキャミソール 型紙67ページ 作り方49ページ ■黒のタイツ 型紙67ページ 作り方43ページ ■黒のワンストラップの靴 型紙68ページ 作り方44ページ

■黒のタートルネックセーター 型紙77ページ ◆材料 黒薄手ニット地横47cm×縦20cm

1 前後身頃の肩を片側のみ中表に縫い合わせ、割る。

2 衿を外表に二つ折りにし、軽く引っぱりながら衿ぐりに中表に縫いつける。

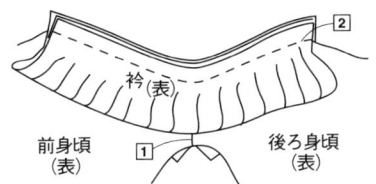

3 縫い残した側の肩を中表に合わせ、衿の幅の半分から袖ぐりまでを縫う。

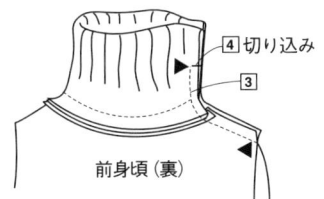

4 衿の縫いしろの図の位置に切り込みを入れ、表に返す。

5 縫い残した縫いしろを表側から縫い合わせ、角を切り落とす。

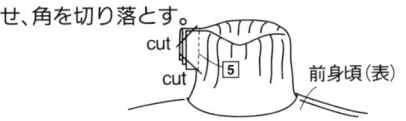

6 袖山を袖ぐりに中表に合わせ、縫う。

7 袖口リブを外表に二つ折りにし、軽く引っぱりながら袖口に中表に縫い合わせる。

8 脇を中表に片側だけ縫い合わせる。

9 裾リブを外表に二つ折りにし、軽く引っぱりながら裾に中表に縫いつける。

10 残した片脇を中表に縫い合わせる。

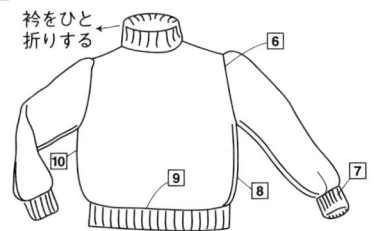

＊ドールの頭をはずすことにより、タートルのセーターもあきなしで着せることができます。

■チェックのジャンパースカート 型紙95・96・97・98ページ アップリケ図案77ページ

◆材料 先染チェック地横92cm×縦31cm 黒山道テープ80cm フェルト(黒横6cm×縦7cm モスグリーン・オレンジ・白各少々) 10cmファスナー1本 6mmスナップ(黒)2組 直径1cmボタン(黒)2個

1 前中央布からそれぞれ左右に中表に縫い合わせる。縫いしろに切り込みを入れておくと、縫いやすい。

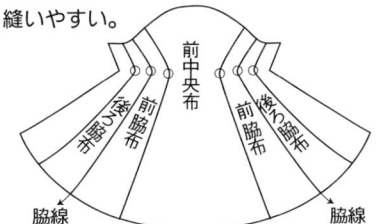

2 それぞれ縫いしろは割って、アイロンで押さえておく。

3 前見返しと後ろ見返しを脇線で中表に縫い合わせる。縫いしろをアイロンで割る。

4 肩ひもを図のように三つ折りにし、両側をステッチする。

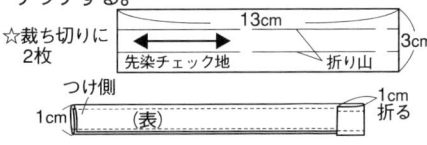

5 身頃と見返しの間に肩ひもつけ側をはさんで縫う。縫いしろに切り込みを入れて表に返し、上端をステッチする。

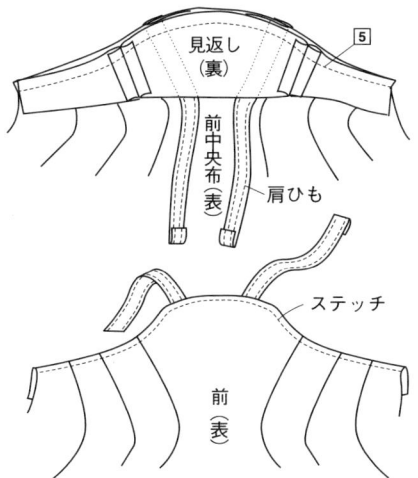

6 後ろ中心を中表に合わせ、裾からあき止まりまでを縫う。

7 縫いしろをアイロンで割って、後ろあきをV字に仮りどめしておく。

8 後ろあきにファスナーを重ねてマチ針でとめ、表側から手縫いでつける。

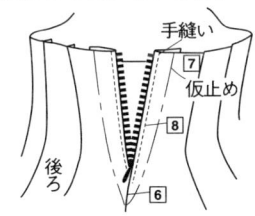

9 スカート裾を1cm折りステッチする。

10 ステッチ線の上に山道テープを重ね、一周縫いつける。

11 スカート前裾にフェルトでアップリケする。

12 肩ひもにスナップ凸をつけ、肩ひもをクロスして後ろ身頃表側に凹をつける。

13 肩ひも表側にボタンをつける。

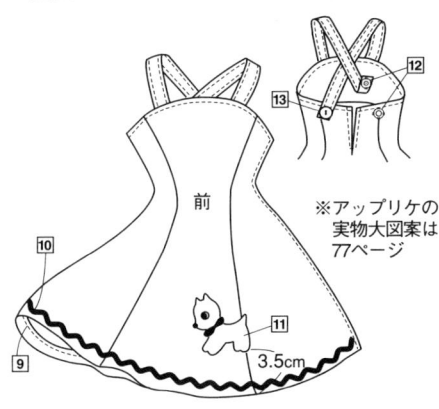

※アップリケの実物大図案は77ページ

■黒のマフラー

◆材料 黒薄手ニット地横10cm×縦35cm 黒1.5cm梵天2個

1 中表に折り、1cmの縫いしろで縫い合わせ縫いしろを割る。

2 表に返して縫いしろを中央にたたみ直す。

3 両端1cmのところをぐし縫いして絞り、先端に梵天を縫いつける。

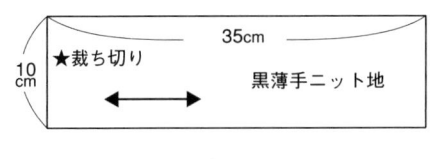

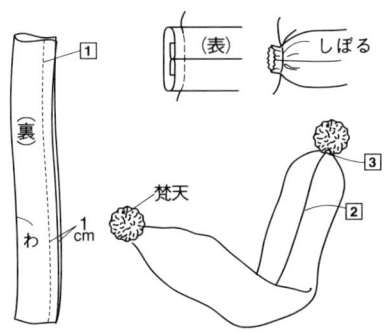

12月の暮らし（左）	ドール・ジーン

黒のタイトなワンピースのセット
写真22・23ページ

■黒のショーツ　型紙67ページ　作り方43ページ■黒のブラ　型紙67ページ　作り方43ページ■黒のストッキング　型紙67ページ　作り方43ページ■黒のセンターボタンの靴　型紙68ページ　作り方45ページ
■黒のタイトなワンピース　型紙78ページ
◆材料　黒ハイミロン横29cm×縦20cm　黒白ドットの1cm幅リボン47cm　黒3mm幅ベルベットリボン29cm　直径3mmパールビーズ2個　10cmファスナー1本

1前身頃2ヵ所、後ろ身頃各1ヵ所のダーツを縫う。

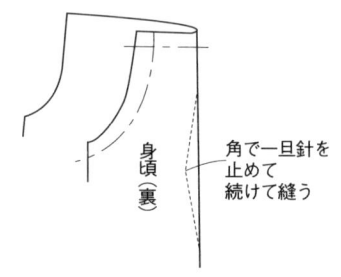

角で一旦針を止めて続けて縫う

身頃（裏）

2後ろ中心を中表に合わせ、裾からあき止まりまで縫う。縫いしろは割っておく。

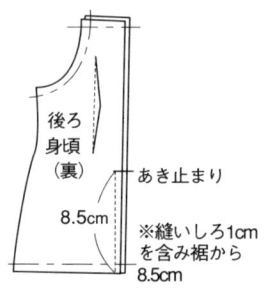

後ろ身頃（裏）

あき止まり

8.5cm

※縫いしろ1cmを含み裾から8.5cm

3後ろあきにファスナーを重ねてマチ針でとめ、表側からV字に縫いつける。

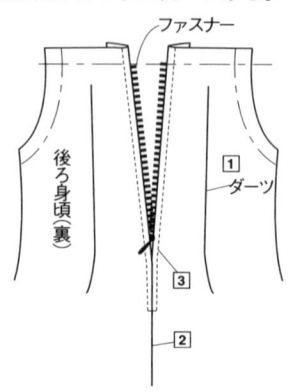

ファスナー

後ろ身頃（裏）

ダーツ

4前後身頃を中表に合わせ、脇を縫う。
5袖ぐりに切り込みを入れ、縫いしろを内側に折ってステッチする。

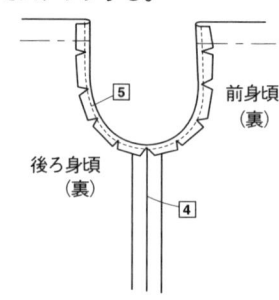

後ろ身頃（裏）

前身頃（裏）

6前後身頃の上端をできあがりに折り、押さえミシン。

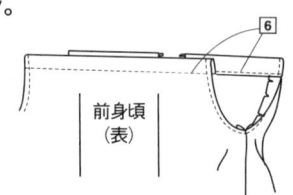

前身頃（表）

7裾をできあがりに折り、押さえミシン。
81cm幅リボンを裾に重ね、上端をステッチでとめる。
9前後身頃上端に1cm幅リボンの端を1cmずつ折り込んで重ね、ステッチする。

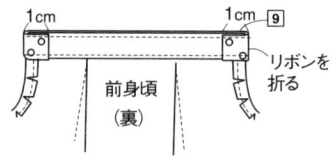

1cm　　1cm

前身頃（裏）

リボンを折る

10黒3mm幅ベルベットリボンを5.5cm2本、9cm2本に切り分ける。

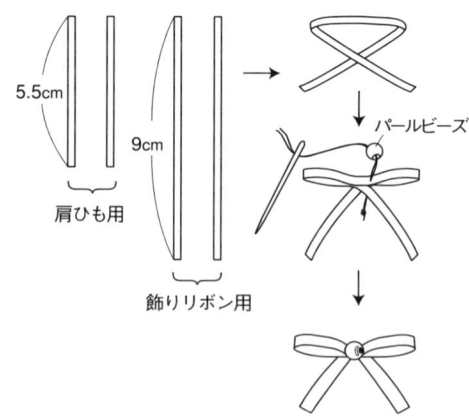

5.5cm

9cm

肩ひも用

飾りリボン用

パールビーズ

115.5cmのリボンを前後身頃の肩ひも位置裏側に縫いつける。
129cmのリボンを図のようにたたみ、中心をパールビーズを通した黒糸でとめ、前身頃の肩ひも位置表側に縫いつける。

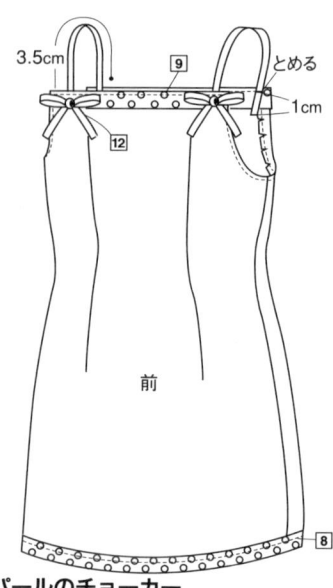

3.5cm　　9　　とめる

1cm

12

前

8

■パールのチョーカー
◆材料　黒ハイミロン5mm幅7.5cm　直径1cmパールビーズ1個　かぎホック（黒）1組
1パールビーズの穴に生地を通し、図のようにかぎホックを縫いつける。

5mm折る　　　パールビーズ

フック側　　　ハイミロン表

受け側

■黒のロング手袋　型紙97ページ
◆材料　黒スパークハーフ横26cm×縦10cm
1黒スパークハーフを半分に切り、それぞれ下端を1cm折って縫う。

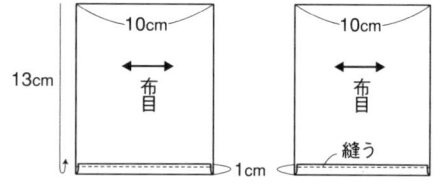

※布目注意スパークハーフを横目に縫う

10cm　　　　10cm

13cm

布目　　　布目

縫う

1cm

2片側に型紙を写し、中表に二つ折りして型紙線上を縫う（針目は1.6〜1.8mm程度）。

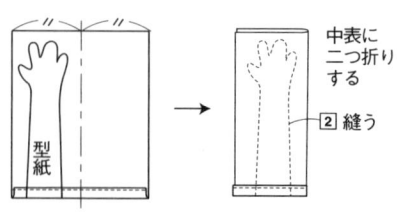

型紙

中表に二つ折りする

縫う

33mmの縫いしろをつけてまわりをカットし、指先の縫いしろを整えて表に返す。

■羽毛飾りのショール

◆材料 白スパークハーフ 横45cm×縦10cm
白羽毛マラボー約3cm幅×110cm

1 スパークハーフの四隅を図のようにカット。

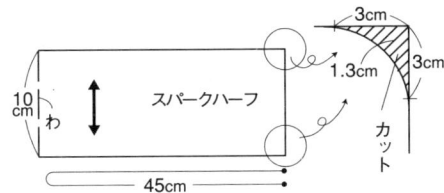

2 羽毛マラボーを周囲にぐるっとつける。

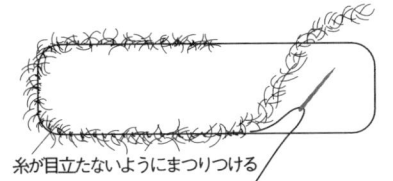

糸が目立たないようにまつりつける

■黒のミニバッグ 型紙78ページ

◆材料 黒ハイミロン 横4.5cm×縦9.5cm 直径3mmパールビーズ21個 テグス少々 5mm丸カン2個 直径1.2cm飾りボタン1個

1 型紙に合わせて裁ち、図のように脇を中表に縫い合わせる。

2 マチを図のように縫う。

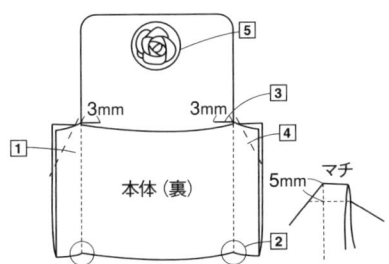

3 ふたのきわに3mmの切り込みを入れる。
4 余分な縫いしろを切り落とす。
5 ふたに飾りボタンをつける。
6 表に返し、本体の角に目打ちで穴をあけ、丸カンを通す。
7 テグスの一方を小さく輪にして結び、丸カンに通す。
8 パールビーズ21個を通し、端をもう一方の丸カンに結びつける。

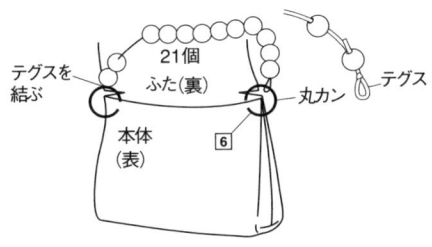

12月の暮らし(右)	ドール・エリカ

赤のワンピースとボレロのセット
写真22・23ページ

■白赤ドット柄のショーツ 型紙67ページ 作り方43ページ
■白赤ドット柄のブラ 型紙67ページ 作り方43ページ
■赤のストッキング 型紙67ページ 作り方43ページ
■黒のワンストラップの靴 型紙68ページ 作り方44ページ
■赤のノースリーブのワンピース 型紙79ページ

◆材料 赤薄手ネル 横55cm×縦25cm 赤トリミングテープ72cm 直径6mmスナップ(黒)3組 裏地(ナイロンシャー、薄手木綿など)横20cm×縦16cm

1 前後身頃のウエストダーツを縫う。後ろ身頃の肩ダーツを縫う。
2 前後身頃を中表に合わせ、肩を縫う。
3 身頃の表に裏地を中表に重ね、衿ぐりと袖ぐりを縫って裏地の余分はカットする。

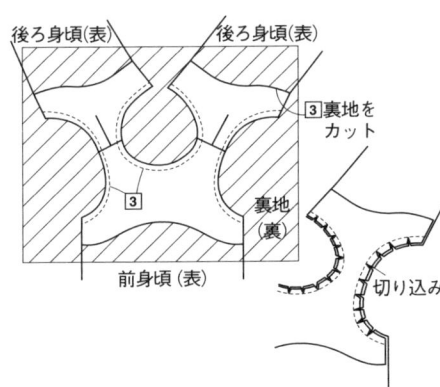

4 縫いしろに切り込みを入れて表に返し、アイロンで押さえる。
5 身頃と見返しの脇を続けて縫い、縫いしろを割る。

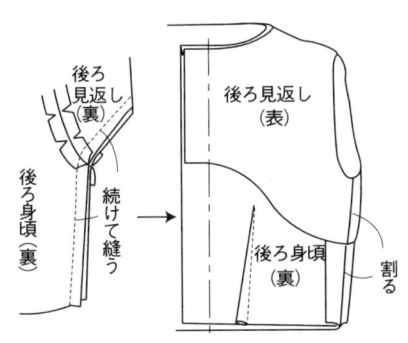

6 スカートウエスト部分の後ろ端から2cm除き、上端から5mmのところをぐし縫いしてギャザーを寄せる。
7 身頃と中表に縫い合わせる。

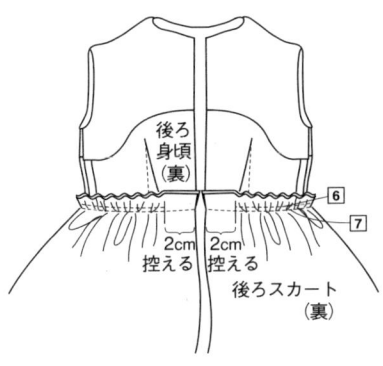

8 後ろ端を両側1cmずつ折り、ステッチする。
9 後ろ端を中表に重ね合わせ、端から1cmのところを端からあき止まりまで縫う。後ろあき全体を右に倒しアイロンで押さえる。右あきにステッチをかける。

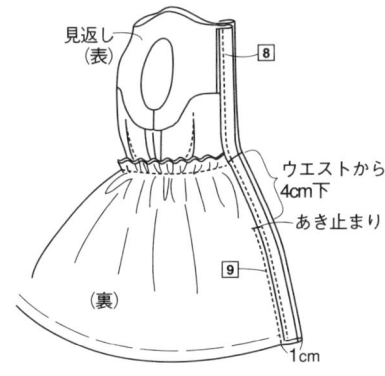

10 裾を1cm折り上げて縫い、縫い線の上にトリミングテープを縫いつける。
11 衿ぐりにトリミングテープを縫いつける。
12 後ろあきにスナップを3組つける。

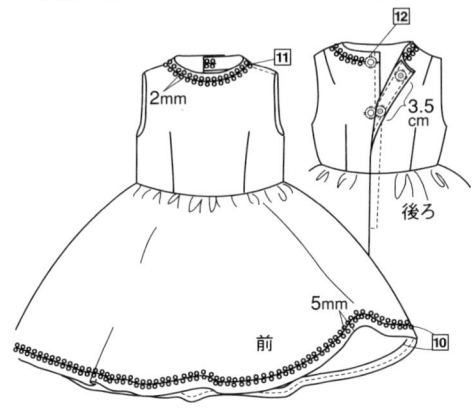

■**赤のボレロ** 型紙78・79ページ

◆**材料** 赤薄手ネル横56cm×縦15cm 赤トリミングテープ63cm

1袖口の縫いしろを折って縫い、縫い線の上にトリミングテープを重ね、縫いつける。

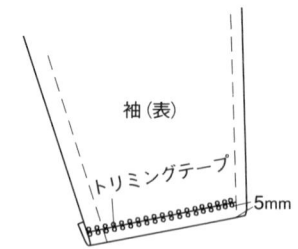

2袖山にギャザーを寄せ、身頃の袖ぐりと中表に合わせて縫う。

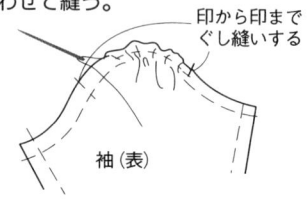

印から印までぐし縫いする

袖（表）

3見返しの後ろ中心を中表に合わせて縫い、縫いしろを割る。

4見返しを身頃と中表に合わせて縫い、縫いしろに切り込みを入れる。

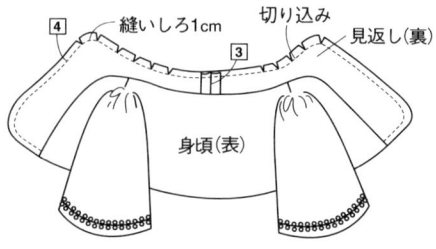

縫いしろ1cm　切り込み　見返し（裏）
身頃（表）

5脇から袖下を中表に縫い、全体を表に返す。

6裾の縫いしろを折り、ステッチする。

7後ろ中心から後ろ裾〜前裾〜前あき〜衿ぐり〜前あき〜前裾〜後ろ裾中心へと一周、トリミングテープを縫いつける。

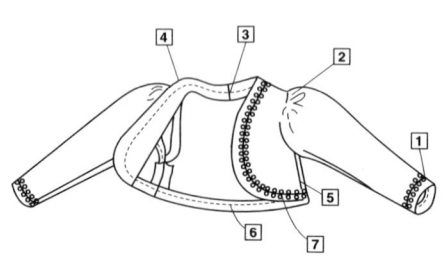

■**赤い実のブローチ** 型紙79ページ

◆**材料** 1cm赤梵天7個 モスグリーンフェルト少々 赤フェルト横2.5cm×縦1.5cm 安全ピン（小）1個

1図のような切り込みを入れた土台布に、赤梵天を縫いつける。

2先端の1個にグリーンフェルトの葉を裏側から縫いつける。

3土台布の切り込みに安全ピンをくぐらせる。

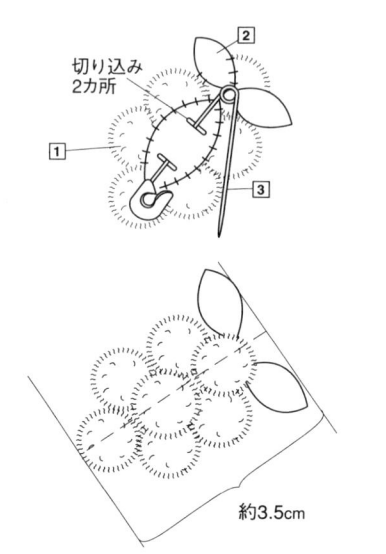

切り込み2カ所

約3.5cm

■**赤のヘッドドレス** 型紙79ページ

◆**材料** 赤薄手ネル横35cm×縦7cm 赤3mm幅スエードひも44cm 赤トリミングテープ29cm 1.5cm赤梵天4個

1表側、裏側それぞれのダーツを縫う。

2返し口を残して中表に縫い合わせる。

3縫いしろに切り込みを入れて表に返し、返し口をとじる。

4表側に一周トリミングテープを縫いつける。

5両端裏側に、半分に切ったスエードひもをそれぞれ縫いつける。

6ひもつけ位置の表側と、スエードひもの先端に赤梵天を縫いつける。

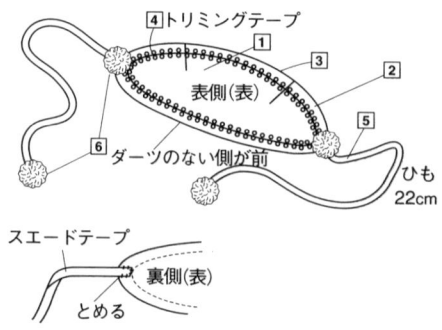

トリミングテープ

表側（表）

ダーツのない側が前

ひも22cm

スエードテープ

裏側（表）

とめる

■**赤のバッグ** 型紙78ページ

◆**材料** 赤フリース横18cm×縦12cm 直径6mmスナップ（黒）1組

1前面の上縁縫いしろを内側に折り、縫う。

2前面とマチ、マチと後ろ面を中表に縫い合わせ、縫いしろに切り込みを入れ表に返す。

3ふた部分の縫いしろのきわに5mm切り込みを入れ、内側に折って縫う。

4リボンを作り、前面中央に縫いつける。

5スナップをつける。

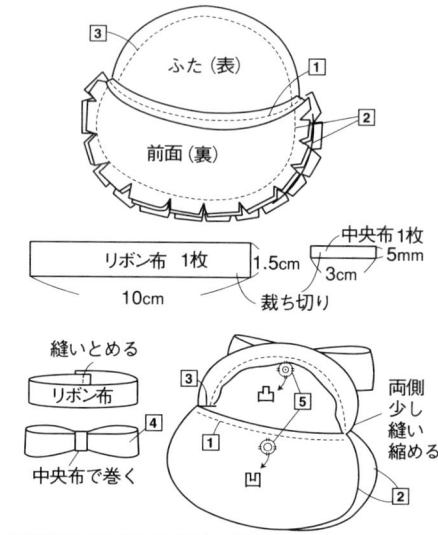

ふた（表）

前面（裏）

リボン布 1枚
10cm　1.5cm

中央布1枚
3cm　5mm
裁ち切り

縫いとめる
リボン布

中央布で巻く

凸　凹

両側少し縫い縮める

■**24ページの青花飾りの髪リボンと橙羽毛飾りの髪リボン** 型紙94ページ

◆**材料** （青）青縮緬プリント地横15cm×縦12cm ベージュの造花1個 ミニヘアピン1個

（橙）橙縮緬プリント地横27cm×縦12cm 羽毛マラボー10cm ミニヘアピン1個

1リボン布それぞれの返し口を残して中表に縫い、角を切り落として表に返し、返し口をとじる。

2中央布は中表に折って5mm端を縫い、表に返して縫い線を中央にたたみ直す。

3それぞれ図のように組み立てる。

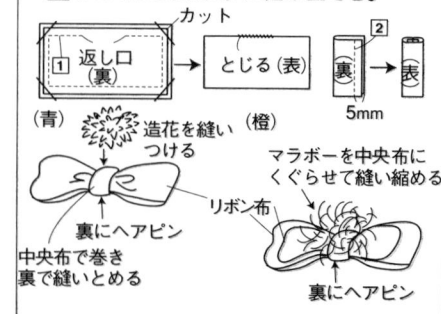

カット
1返し口（裏）　→　とじる（表）　裏　裏
5mm

（青）造花を縫いつける　（橙）
マラボーを中央布にくぐらせて縫い縮める
リボン布
裏にヘアピン
中央布で巻く裏で縫いとめる

1月の暮らし　ドール・マイコ・アイコ

縮緬のワンピースのセット
写真24・25ページ

■白のショーツ　型紙67ページ　作り方43ページ■白のタイツ　型紙67ページ　作り方43ページ■黒のワンストラップの靴（左）　型紙68ページ　作り方44ページ■黒のセンターボタンの靴　型紙68ページ　作り方45ページ
■ドロワーズ　型紙90ページ
◆材料　白綿キャラコ横46cm×縦21cm　4コールゴム45cm
1 裾の縫いしろを折り、5mmのところを縫う。

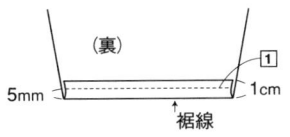

2〜**7**の縫い方は56ページを参照。

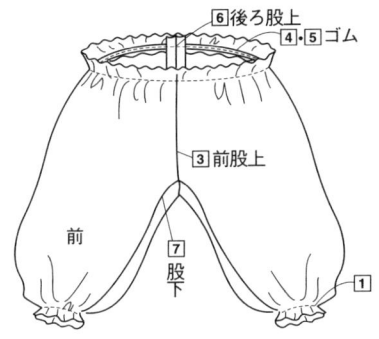

■縮緬のワンピース　型紙93・94ページ
◆材料　縮緬プリント地横70cm×縦37cm　直径6mmスナップ（銀）3組　4コールゴム14cm
1 前後身頃のダーツを縫う（前2ヵ所、後ろ2ヵ所）。縫いしろは中央側に倒す。
2 前後身頃の肩を中表に縫い合わせる。
3 見返しを中表に合わせて、後ろあき〜衿ぐり〜後ろあきを縫い、余分な縫いしろを切ってカーブに切り込みを入れ、表に返す。

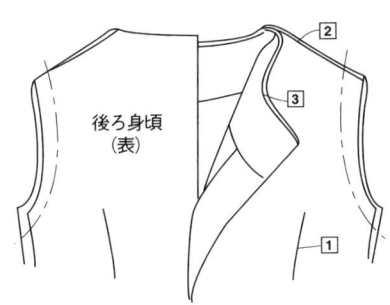

4 袖山にギャザーを寄せ、身頃の袖ぐりに中表に縫い合わせる。
5 袖口を4mmの三つ折りにしてまつる。
6 ゴムつけ線に4コールゴムを引っぱりながら縫いつける。

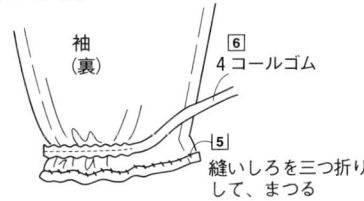

7 袖下から脇を中表に縫い合わせる。
8 スカートの後ろ端をできあがりにアイロンで折る。
9 折ったところを除いてウエスト上端から5mmのところをぐし縫いし、ギャザーを寄せる。

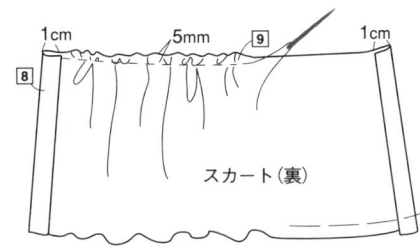

10 身頃とスカートを中表に合わせて縫う。

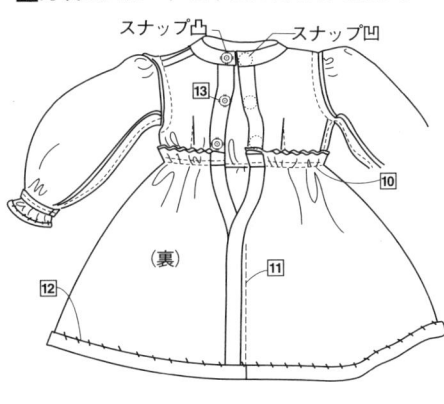

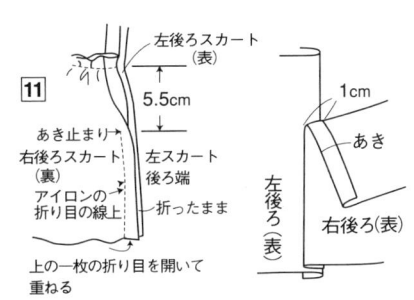

11 スカート後ろあきを図のように重ね、あき止まりから裾までを縫う。
12 裾を5mm折りさらに1cm折ってまつる。
13 スナップをつける。

■キャラコのエプロン　型紙93・94ページ
◆材料　白キャラコ・スカート横76cm×縦17cm・身頃横20cm×縦30cm　2.5cm幅ギャザーレース76cm
1 身頃用布を図のように中表にたたみ、型紙を写す。

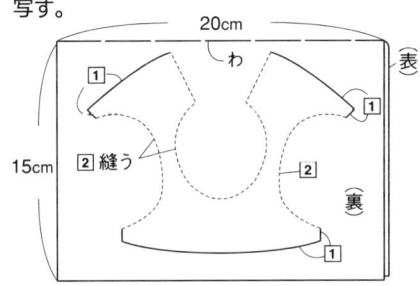

2 衿ぐりから後ろ端と袖ぐりを縫い合わせる。
3 縫い線は3mm、それ以外は5mmの縫いしろをつけて裁つ。
4 カーブ部分に切り込みを入れて表に返す。
5 アイロンで全体を押さえる。
6 中表に合わせ、表裏続けて脇を縫う。
7 スカート裾にレースを中表につけ（縫いしろ1cm）、縫いしろを上に倒してアイロンで押さえる。
8 スカート後ろ端を1cm折り、ステッチする。
9 ウエスト上端から5mmのところをぐし縫いしてギャザーを寄せ、身頃と中表に縫い合わせる。縫いしろは身頃側に倒す。
10 背ひもを4本縫い、背ひも位置裏側に縫いつける。

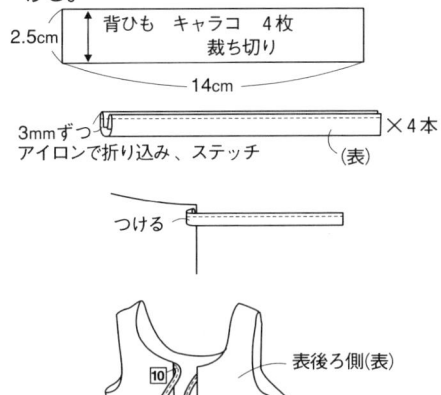

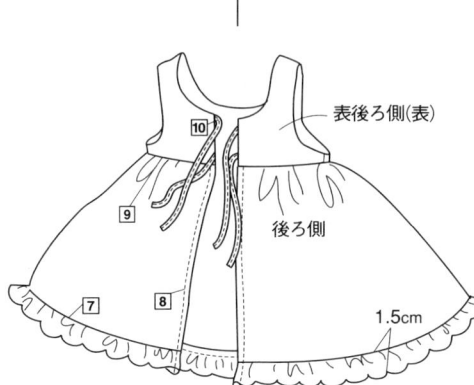

2月の暮らし	ドール・サラ

ギンガムチェックのワンピースのセット
写真26・27ページ

■白赤ドット柄のショーツ 型紙67ページ 作り方43ページ

■白赤ドット柄のブラ 型紙67ページ 作り方43ページ

■ギンガムチェックのワンピース 型紙79・80ページ

◆材料 赤ギンガムチェック地横68cm×縦26cm 白花型トリミングテープ80cm 4コールゴム15cm 直径6mmスナップ(銀)3組

1前後身頃のウエストダーツと肩ダーツを縫う。縫いしろは中心側に倒す。

2前後身頃を中表に合わせ、肩を縫う。

3衿ぐりに衿見返しを中表に合わせて、後ろあき～衿ぐり～後ろあきを縫い、余分な縫いしろを切り、カーブに切り込みを入れて表に返す。

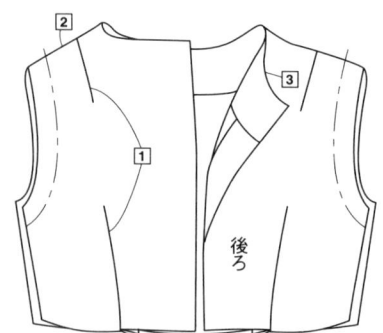

4袖山にギャザーを寄せ、身頃の袖ぐりと中表に縫い合わせる。

5袖口の縫いしろを折ってアイロンで押さえ、4コールゴムを袖口から5mmの位置に重ねて、引っぱりながら縫いつける。

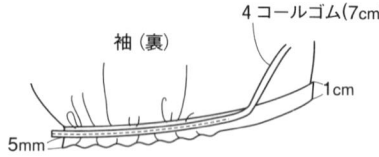

袖(裏) 4コールゴム(7cm)
1cm
5mm

6袖下から脇を中表に縫い合わせる。

7スカートの後ろ端をできあがりにアイロンで折る。

8折ったところを除いてウエスト上端から5mmのところをぐし縫いし、ギャザーを寄せる。

9後ろ端を合わせて身頃とスカートを中表に縫い合わせる。

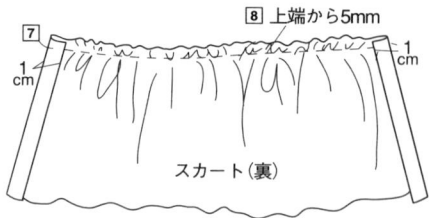

8 上端から5mm
7
1cm
1cm
スカート(裏)

10スカート後ろあきを図のように重ね、裾からあき止まりまで縫い、あきにステッチ。

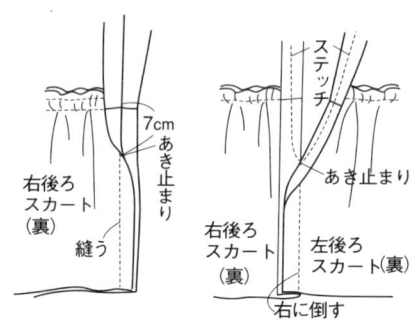

ステッチ
7cm
あき止まり
右後ろスカート(裏)
縫う
右後ろスカート(裏)
左後ろスカート(裏)
あき止まり
右に倒す

11裾を1cm折って縫う。

12縫い線上に白花型トリミングテープを重ね縫いつける。

13衿ぐりにも白花型トリミングテープを縫いつける。

14後ろあきにスナップ3組をつける。

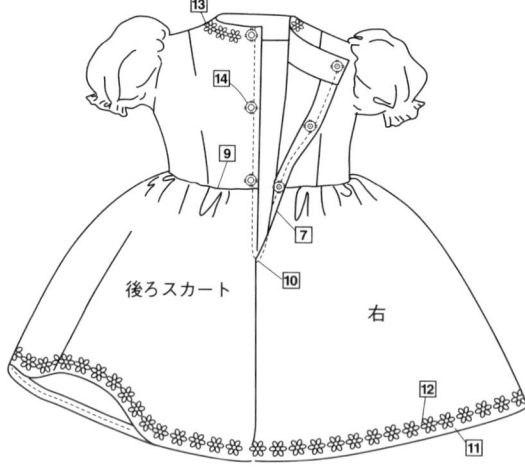

13
14
9
後ろスカート
10
右
7
12
11

■白のエプロン 型紙80ページ

◆材料 白ローン・胸あてとスカート横20cm×縦10cm・ウエストひも横62cm×縦5cm 赤ギンガムチェック地・ポケット横6cm×縦6cm 白ストレッチレース(端処理のされているレース)84cm 直径6mmスナップ(銀)2組

1ハート型ギンガムチェック地のまわりをぐし縫いし、厚紙で作った型紙をくるんで、糸を引き、アイロンをあてる。

2まわりにストレッチレースを一周縫いつける。

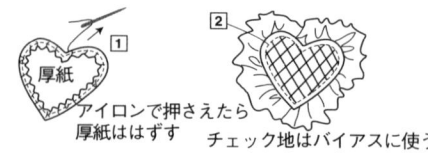

1 厚紙
2
アイロンで押さえたら厚紙ははずす
チェック地はバイアスに使う

3ウエストひもをアイロンでできあがりに折り、端ミシンで押さえる。

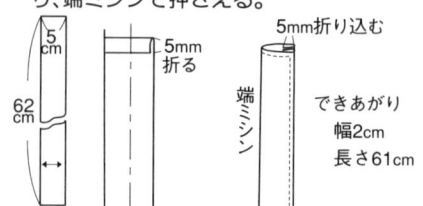

5cm
62cm
5mm折る
5mm折り込む
端ミシン
できあがり
幅2cm
長さ61cm

4エプロンスカートのギャザー印のところをぐし縫いし、ギャザーを寄せる。

5胸あての上端の縫いしろを折り、ステッチする。

6胸あての両脇に20cmに切ったストレッチレースを重ね、縫いつける。

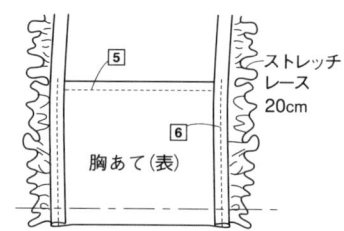

5
ストレッチレース20cm
6
胸あて(表)

7エプロンスカートのポケットつけ位置に**2**のハートポケットを縫いつける。

8スカート周囲にストレッチレースを縫いつける。

9胸あてとスカートを中表に縫い合わせ、胸あて側に縫いしろを倒す。

10ウエストひも**3**をウエストの縫い線に重ねて縫いつける。

11図の位置にスナップを縫いつける。

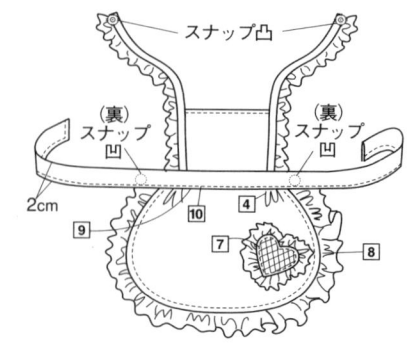

スナップ凸
(裏) スナップ
(裏)
2cm
凹
9
10
4
7
8

■スリッパ　型紙80ページ
◆材料　赤フェルト横16cm×縦 6 cm　白シーチング横20cm×縦 8 cm　白フェルト横 5 cm×縦2.5cm　厚紙横16cm×縦 7 cm　ボンド
1底用シーチングの周囲をぐし縫いし厚紙をくるんで糸を引く。これを 4 枚作る。

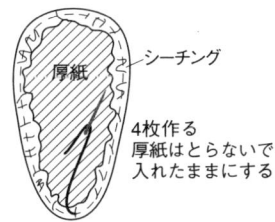

厚紙
シーチング

4枚作る
厚紙はとらないで
入れたままにする

2アッパー用赤フェルトのはき口にあたる部分の縫いしろを折り、ステッチする。
3つけ側をぐし縫いし、糸は切らずにおく。
4内底にアッパーを被せ、糸を引いてとめる。

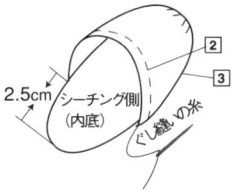

2.5cm
シーチング側
（内底）
ぐし縫いの糸

5内底の裏側にボンドを塗り外底を重ねて、貼り合わせる。

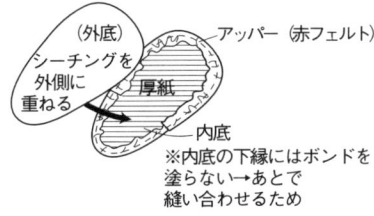

（外底）
シーチングを
外側に
重ねる

アッパー（赤フェルト）

内底
※内底の下縁にはボンドを
塗らない→あとで
縫い合わせるため

6 2 枚の底の図の点線部分を手縫いでステッチする。
7白フェルトを巻いて縫いとめ、バラの形にして、葉と共にアッパーに縫いつける。

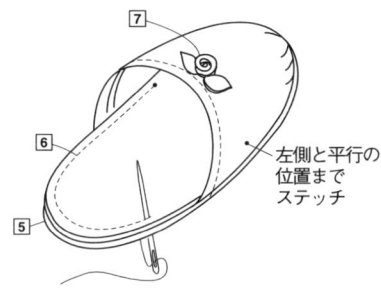

左側と平行の
位置まで
ステッチ

■厚手の三つ折りソックス　型紙76ページ
◆材料　白薄手ニット地横10cm×縦25cm
55ページ「薄手の三つ折りソックス」の作り方を参照。

■キッチンミトン　型紙94ページ
◆材料　ボーダーライン入り白木綿地横11cm×縦10.5cm　綿キルト芯横11cm×縦 7 cm
1ボーダーライン入り白木綿地と綿キルト芯を重ね、 7 mmおきにミシンで斜めにキルティングする。

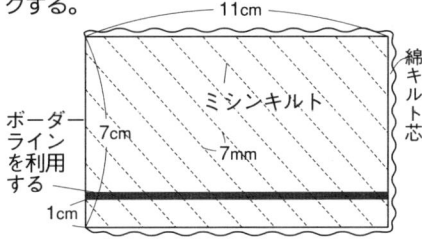

11cm
綿キルト芯
ミシンキルト
7mm　7mm
ボーダーラインを利用する
1cm

＊白無地の場合は完成後赤刺しゅう糸でチェーンステッチを入れると良い。
2キルト芯の方に型紙を写す（描きにくいので注意）。
3はめ口をくるみ布でくるむ。
4中表に縫い合わせ、切り込みを入れて表に返す。

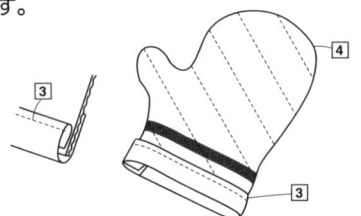

■天板　型紙80ページ
◆材料　厚紙横10cm×縦10cm　黒ソフトレザー（エナメルタイプ）横12cm×縦12cm(b)1枚・横 8 cm×縦 8 cm (a) 1枚　セロテープ　ボンド
1厚紙の角を立て、セロテープでとめて土台を作る。
2上面にボンドを塗り、切り込みを入れた12cm×12cmの黒ソフトレザーを貼る。
3底面に 8 cm× 8 cmの黒ソフトレザーを貼る。

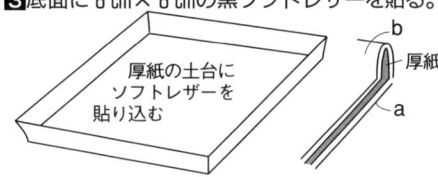

厚紙の土台に
ソフトレザーを
貼り込む

b
厚紙
a

■チョコレートケーキ　型紙94ページ
◆材料　厚紙横9.5cm×縦 3 cm 1枚・直径 3 cmの円 2 枚　こげ茶色フェルトⓐ横9.5cm×縦 3 cm 1枚・ⓑ直径 3 cmの円 1 枚・ⓒ横9.5cm×縦 5 mm 1枚　うす茶色フェルトⓓ直径 3 cmの円 1 枚・ⓔ横18cm×縦 5 mm 1 枚　直径1.2cmの花型ボタン 1 個　銀色ビーズ適宜　セロテープ
1厚紙をセロテープで貼り合わせて土台を作る。側面を気持ち小さめに丸めると作りやすい。
2側面にこげ茶色フェルトⓐを巻き、かがる。

3上面にこげ茶色フェルトⓑを、底面にうす茶色フェルトⓓを巻きかがりで縫いつける。
4中央クリーム用こげ茶色フェルトⓒの端をぐし縫いして糸を引き絞り丸める。

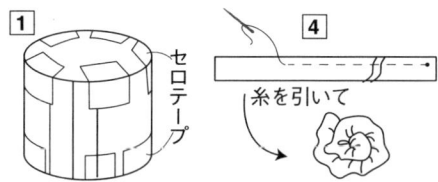

セロテープ
セロテープ
糸を引いて

5上面中央に4のクリームをとめつける。
6周囲クリームのうす茶色フェルトⓔを5のまわりに波うたせながらとめつける。
7中央に花型ボタンをとめる。

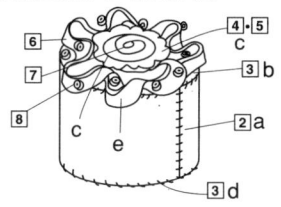

6
7
8
4・5 c
3 b
2 a
c
e
3 d

8銀色ビーズをところどころに糸でとめる。

■レースペーパー
◆材料　白い紙横 7 cm×縦 7 cm 1 枚
紙を数回三角に折り重ねて角を落とし、好みの切り込みを入れて開く。折り線を折りかえて切り込みを入れると、変化のある模様になる。

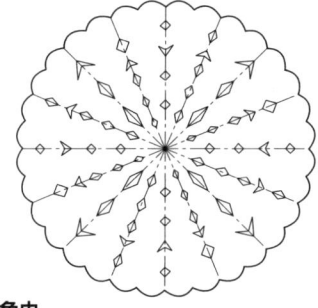

■三角巾
◆材料　赤ギンガムチェック地底辺31cm、高さ31cmの三角形 1 枚　白花型トリミングテープ26cm
1図のように縫いしろを折ってステッチし、トリミングテープを縫いつける。

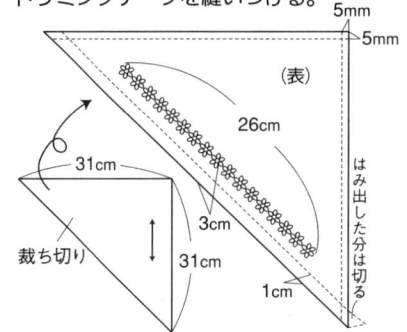

5mm
5mm
（表）
26cm
31cm
3cm
裁ち切り
31cm
1cm
はみ出した分は切る

3月の暮らし	ドール・シンシア

ロングドレスのセット
写真28・29ページ

■ブルーのショーツ　型紙67ページ　作り方
43ページ

■白のストッキング　型紙67ページ　作り方
43ページ

■ロングドレス　型紙95・96・97・98ページ

◆材料　ブルーラメプリント地横64cm×縦40cm　ビーズブレード38cm　10cmファスナー1本

1 前中央布両脇に前脇布を中表に縫い合わせる。縫いしろは中央布側に倒す。

2 後ろ中央布2枚を中表に合わせ、裾からあき止まりまで縫い合わせ、縫いしろを割る。

3 後ろあきにファスナーを合わせ、V字に表から縫いつける。

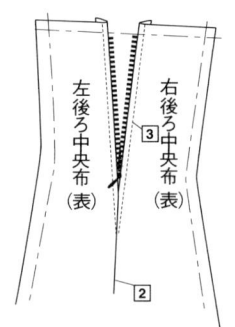

4 後ろ中央布の両脇に後ろ脇布を中表に縫いつける。縫いしろは脇布側に倒す。

5 前身頃と後ろ身頃を中表に合わせ、脇を縫う。縫いしろは割る。

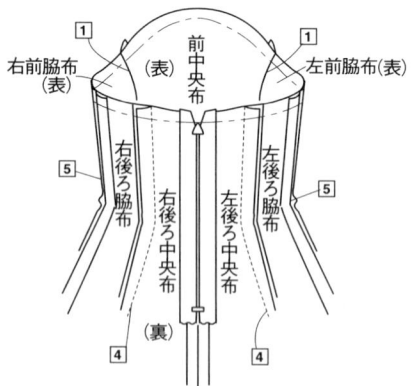

6 前見返しと後ろ見返しの脇を合わせて中表に縫う。縫いしろは割る。

7 ファスナーを開き、身頃に見返しを中表に縫い、縫いしろに切り込みを入れて表に返す。アイロンで押さえる。

8 見返しの後ろ中心は、できあがりに折り、目立たないようにまつる。

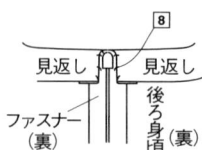

9 裾を5mmずつの三つ折りにしてまつる。
10 ホルターネックにビーズブレードをつける。
11 胸まわりにビーズブレードを手縫いでまつりつける。

■オーバードレス　型紙98ページ

◆材料　麻のれん地横110cm×縦34cm　銀色ビーズ適量

1 スカート部分を作る。両端を中表に合わせて、1cmの縫いしろで27cm縫い合わせ、後ろ中心となる。縫い位置は型紙98ページ参照。

2 縫い線に対して直角に線を引き、端から端まで線上をぐし縫いして約15cmに縫い縮める。

3 上部分を二つ折りにし、折り目(わ)が上側にくるように引き上げる。

4 裾を1cm折り、ビーズを1cmおきにとめながら縫い押さえる。

5 スカート部分にビーズを縫いとめる。

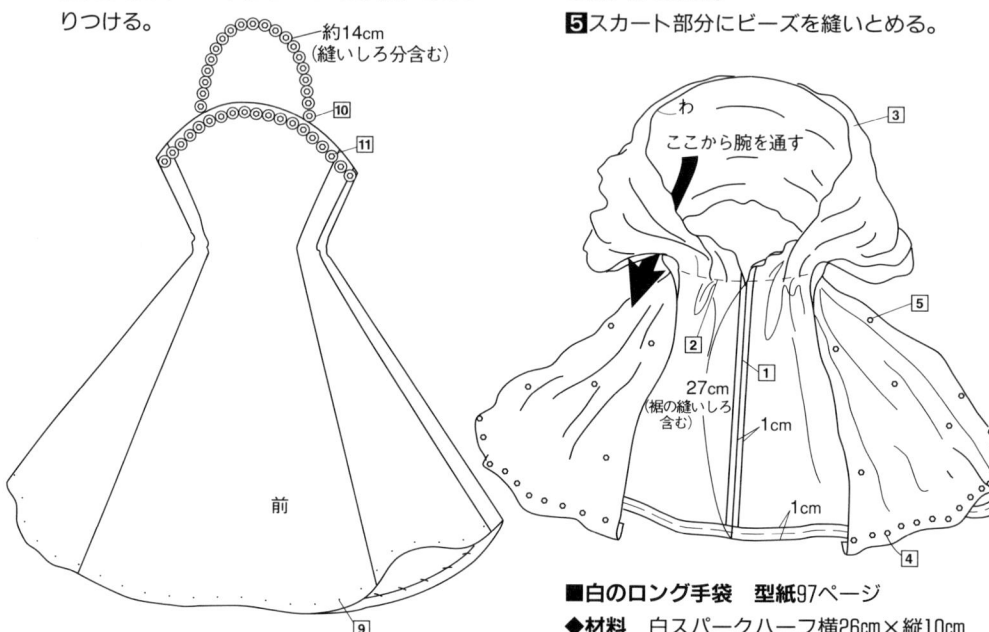

■白のロング手袋　型紙97ページ

◆材料　白スパークハーフ横26cm×縦10cm
60ページ「黒のロング手袋」の作り方を参照。

◎刺しゅうの刺し方

バックステッチ	サテンステッチ	アウトラインステッチ
3 1 2 出出入	3出　1出 2入	1出　3出 2入
フレンチノットステッチ	コの字はぎ（コの字とじ）	たてまつり
2入 1出	1出 3出　2入	2入 3出 1出

コピーして切って使える実物大型紙

6・8・10・18・20・22・24ページの作品

★それぞれ指定の縫いしろをつける

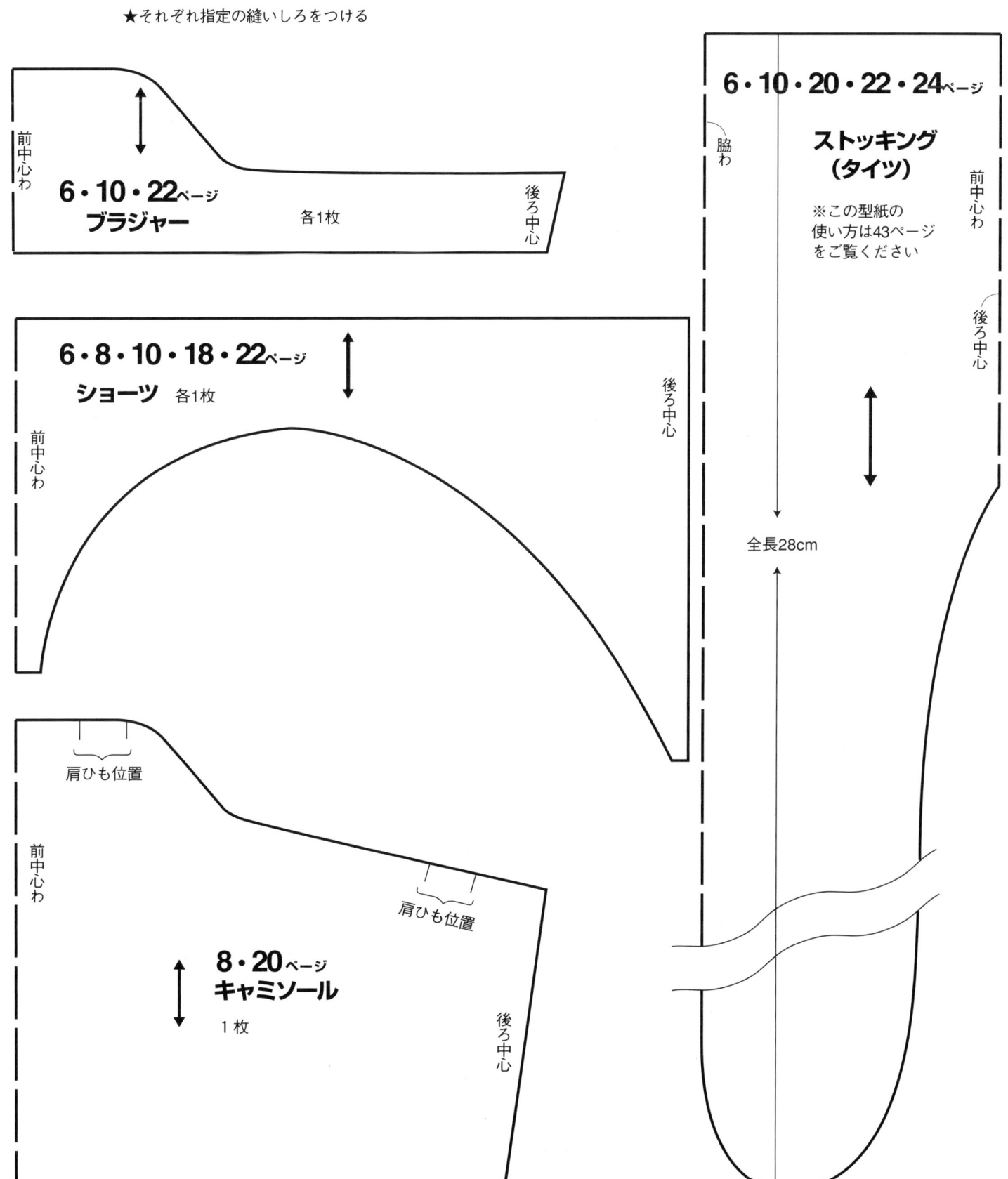

6・10・22ページ ブラジャー 各1枚

前中心わ

後ろ中心

6・8・10・18・22ページ ショーツ 各1枚

前中心わ

後ろ中心

8・20ページ キャミソール 1枚

肩ひも位置

肩ひも位置

前中心わ

後ろ中心

6・10・20・22・24ページ ストッキング（タイツ）

※この型紙の使い方は43ページをご覧ください

脇わ

前中心わ

後ろ中心

全長28cm

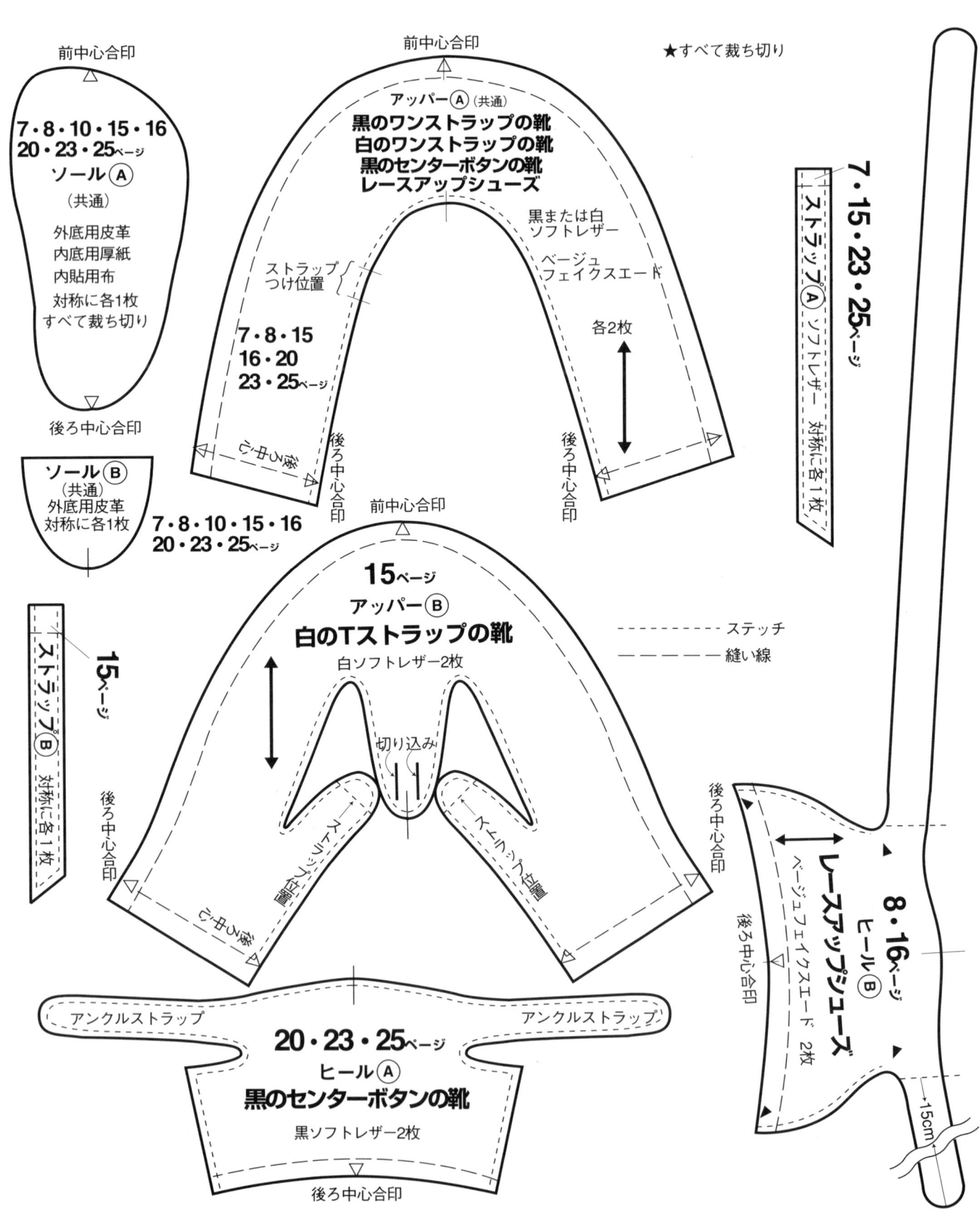

★すべて裁ち切り

前中心合印

7・8・10・15・16
20・23・25ページ
ソール Ⓐ
（共通）
外底用皮革
内底用厚紙
内貼用布
対称に各1枚
すべて裁ち切り

後ろ中心合印

ソール Ⓑ
（共通）
外底用皮革
対称に各1枚

7・8・10・15・16
20・23・25ページ

ストラップ Ⓑ
対称に各1枚
15ページ

前中心合印

アッパー Ⓐ （共通）
黒のワンストラップの靴
白のワンストラップの靴
黒のセンターボタンの靴
レースアップシューズ

ストラップ
つけ位置

黒または白
ソフトレザー

ベージュ
フェイクスエード

7・8・15
16・20
23・25ページ

各2枚

後ろ中心合印

後ろ中心合印

前中心合印

15ページ
アッパー Ⓑ
白のTストラップの靴

白ソフトレザー2枚

切り込み

ストラップつけ位置

ベルトつけ位置

後ろ中心合印

・・・・・・・ ステッチ
― ― ― 縫い線

アンクルストラップ

アンクルストラップ

20・23・25ページ
ヒール Ⓐ
黒のセンターボタンの靴

黒ソフトレザー2枚

後ろ中心合印

7・15・23・25ページ
ストラップ Ⓐ ソフトレザー 対称に各1枚

後ろ中心合印

8・16ページ
ヒール Ⓑ
レースアップシューズ
ベージュフェイクスエード 2枚

15cm

コピーして切って使える実物大型紙

6・7ページの作品

★指定以外の縫いしろは5mm

★ □ の部分は200%コピーすると実物大

前中心わ

ダーツ

前

縫い止まり

薄手木綿1枚

6・7ページ
ミントグリーンのワンピース
身頃

スナップ

後ろ

★後ろあき
縫いしろ1cm

縫い止まり

ダーツ

後ろ

6・7ページの
ミントグリーンのワンピース 枠
薄手木綿・各2枚
対称に各2枚

前

刺しゅう

a

b

★縫い端
縫いしろ1cm

6・7ページ
ミントグリーンのワンピース
見返し
薄手木綿1枚

後ろ端
縫いしろ1cm

縫い端

前中心わ

ギャザーを寄せる

☆型紙の作り方

後ろ中心

あき止まり

型紙4枚をつなげる

前中心わ

布

4

11cm

1cm

バッグ 持ち手 ハイミロン 裁ち切り2枚
6・7ページ

1cm

1cm

6・7ページ
バッグ
止め布
ハイミロン4枚
裁ち切り

6・7ページ
ベレー帽
トップ
薄手木綿・接着芯各1枚

11.5cm

ミシンステッチ

裁ち切り

8cm

6・7ページ
刺しゅう入り
黒のバッグ
ハイミロン1枚

6cm

わ 裁ち切り

6・7ページ
ベレー帽
サイド

7.5cm

11.5cm

切り抜く

薄手木綿・接着芯各1枚

裁ち切り

ミシンステッチ

サテンステッチ

バックステッチ

フレンチノットステッチ

★縫いしろは1cm

わ

6・7ページ
ミントグリーンのワンピース
スカート
薄手木綿・ハードチュール各1枚

6・7ページ
ベレー帽 ベルト
薄手木綿1枚

わ

14cm

3cm

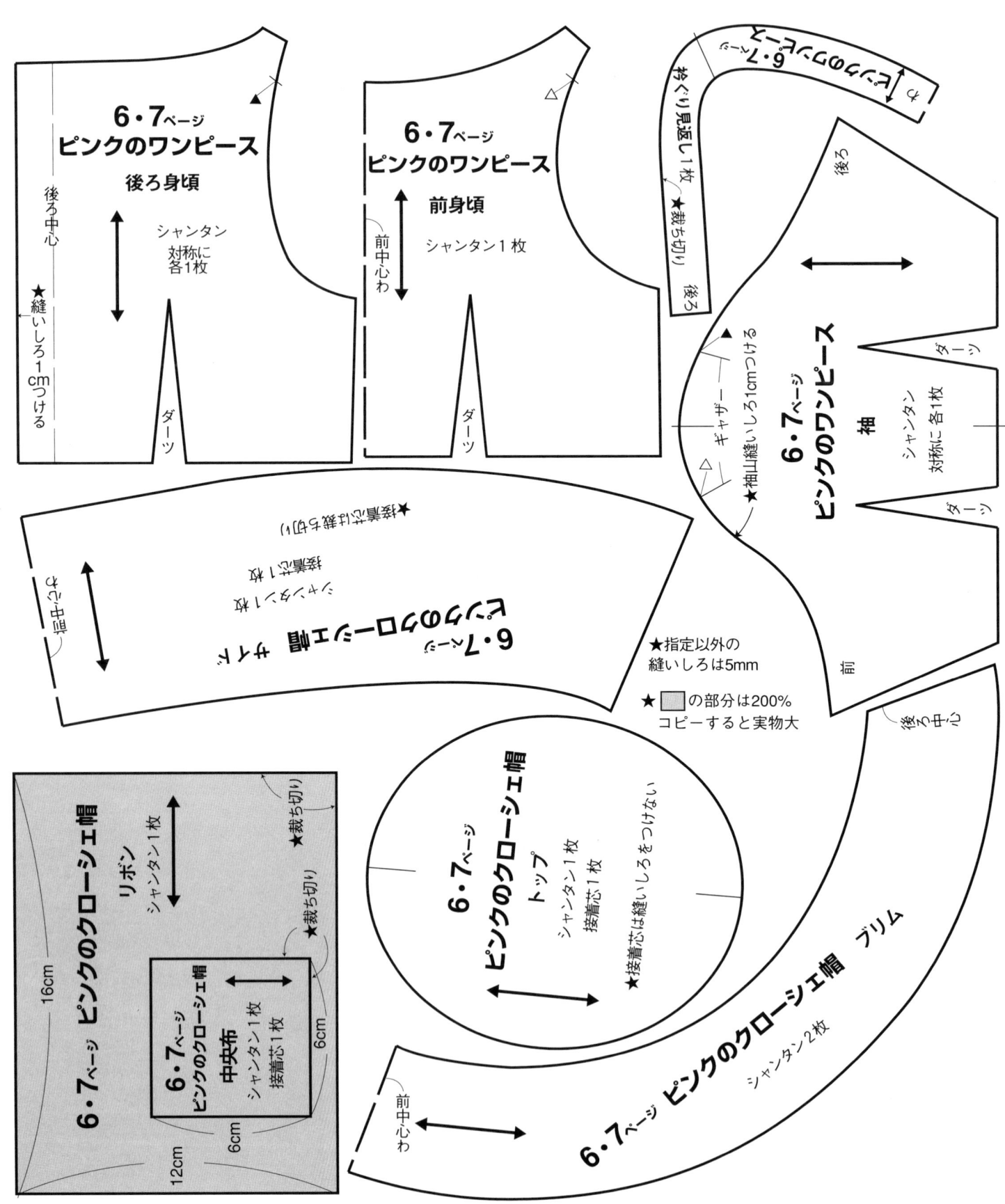

6・7ページ ピンクのワンピース 後ろ身頃
シャンタン 対称に各1枚
後ろ中心
★縫いしろ1cmつける
ダーツ

6・7ページ ピンクのワンピース 前身頃
シャンタン1枚
前中心わ
ダーツ

6・9ページ ピンクのワンピース
衿ぐり見返し1枚
★裁ち切り
後ろ

6・7ページ ピンクのワンピース 袖
シャンタン 対称に各1枚
後ろ
★袖山縫いしろ1cmつける
ギャザー
前
後ろ中心

6・7ページ ピンクのクローシェ帽 サイド布
★接着芯は縫い代をつけない
接着芯1枚
シャンタン1枚
側面中心わ

★指定以外の縫いしろは5mm

★□の部分は200%コピーすると実物大

6・7ページ ピンクのクローシェ帽 リボン
シャンタン1枚
★裁ち切り
16cm
12cm

6・7ページ ピンクのクローシェ帽 中央布
シャンタン1枚
接着芯1枚
★裁ち切り
6cm
6cm
6cm

6・7ページ ピンクのクローシェ帽 トップ
シャンタン1枚
接着芯1枚
★接着芯は縫いしろをつけない

6・7ページ ピンクのクローシェ帽 ブリム
シャンタン2枚
前中心わ

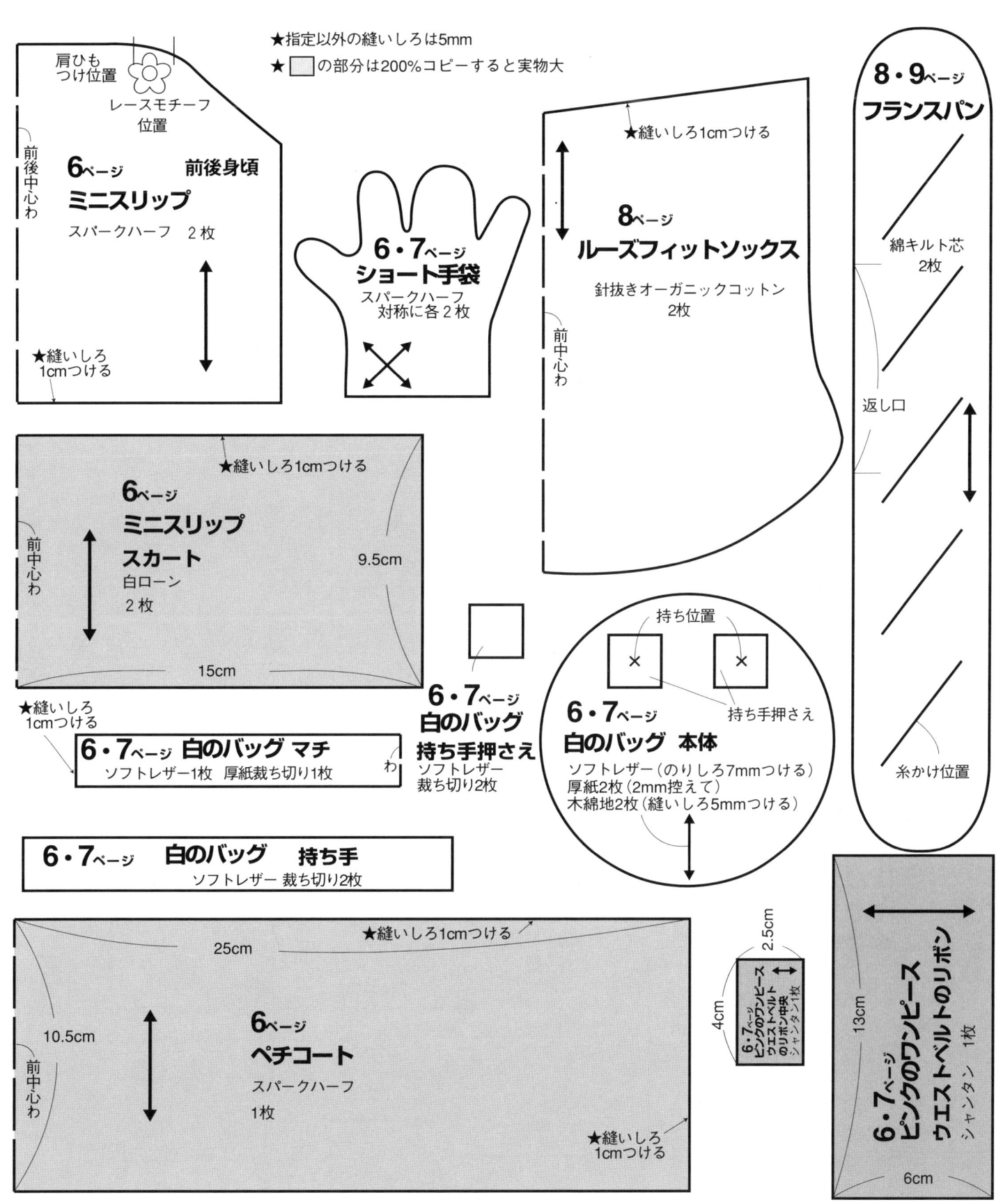

コピーして切って使える実物大型紙
6・7・8・9ページの作品

★指定以外の縫いしろは5mm
★ ▢ の部分は200%コピーすると実物大

肩ひも
つけ位置

レースモチーフ
位置

前後中心わ

6ページ 前後身頃
ミニスリップ
スパークハーフ　2枚

★縫いしろ
1cmつける

6・7ページ
ショート手袋
スパークハーフ
対称に各2枚

★縫いしろ1cmつける

8ページ
ルーズフィットソックス
針抜きオーガニックコットン
2枚

前中心わ

8・9ページ
フランスパン

綿キルト芯
2枚

返し口

糸かけ位置

★縫いしろ1cmつける

6ページ
ミニスリップ
スカート
白ローン
2枚

前中心わ

9.5cm

15cm

★縫いしろ
1cmつける

6・7ページ　白のバッグ　マチ
ソフトレザー1枚　厚紙裁ち切り1枚

わ

6・7ページ
白のバッグ
持ち手押さえ
ソフトレザー
裁ち切り2枚

持ち位置

持ち手押さえ

6・7ページ　白のバッグ　本体
ソフトレザー（のりしろ7mmつける）
厚紙2枚（2mm控えて）
木綿地2枚（縫いしろ5mmつける）

6・7ページ　白のバッグ　持ち手
ソフトレザー　裁ち切り2枚

25cm

★縫いしろ1cmつける

10.5cm

前中心わ

6ページ
ペチコート
スパークハーフ
1枚

★縫いしろ
1cmつける

2.5cm

4cm

**6・7ページ
ピンクのワンピース
ウエストベルト中央のリボン
シャンタン　1枚**

13cm

**6・7ページ
ピンクのワンピース
ウエストベルトのリボン
シャンタン　1枚**

6cm

コピーして切って使える実物大型紙
8・9ページの作品

★指定以外の縫いしろは5mm

★[　]の部分は200%コピーすると実物大

★縫いしろ7mmつける

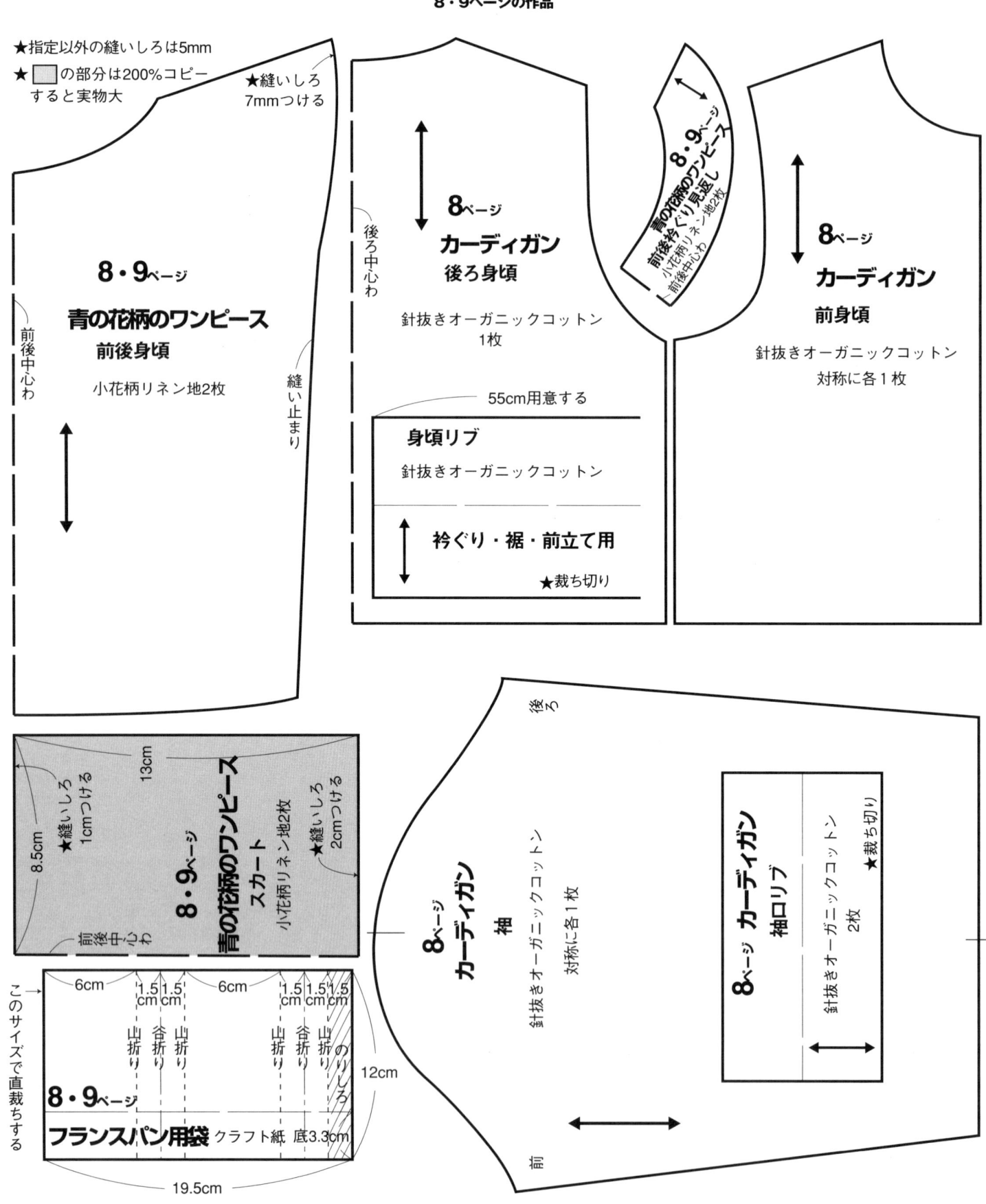

8・9ページ
青の花柄のワンピース
前後身頃
小花柄リネン地2枚

前後中心わ

縫い止まり

後ろ中心わ

8ページ
カーディガン
後ろ身頃
針抜きオーガニックコットン
1枚

55cm用意する

身頃リブ
針抜きオーガニックコットン

衿ぐり・裾・前立て用
★裁ち切り

8・9ページ
青の衿ぐり見返し
小花柄リネン地2枚
前後中心わ

8ページ
カーディガン
前身頃
針抜きオーガニックコットン
対称に各1枚

13cm

8.5cm

★縫いしろ1cmつける

8・9ページ
青の花柄のワンピース
スカート
小花柄リネン地2枚

★縫いしろ2cmつける

前後中心わ

後ろ

前

8ページ
カーディガン
袖
針抜きオーガニックコットン
対称に各1枚

8ページ カーディガン
袖口リブ
針抜きオーガニックコットン
2枚
★裁ち切り

このサイズで直裁ちする

6cm　1.5cm　1.5cm　6cm　1.5cm　1.5cm　1.5cm

山折り　谷折り　山折り　谷折り　山折り　のりしろ

8・9ページ
フランスパン用袋 クラフト紙 底3.3cm

12cm

19.5cm

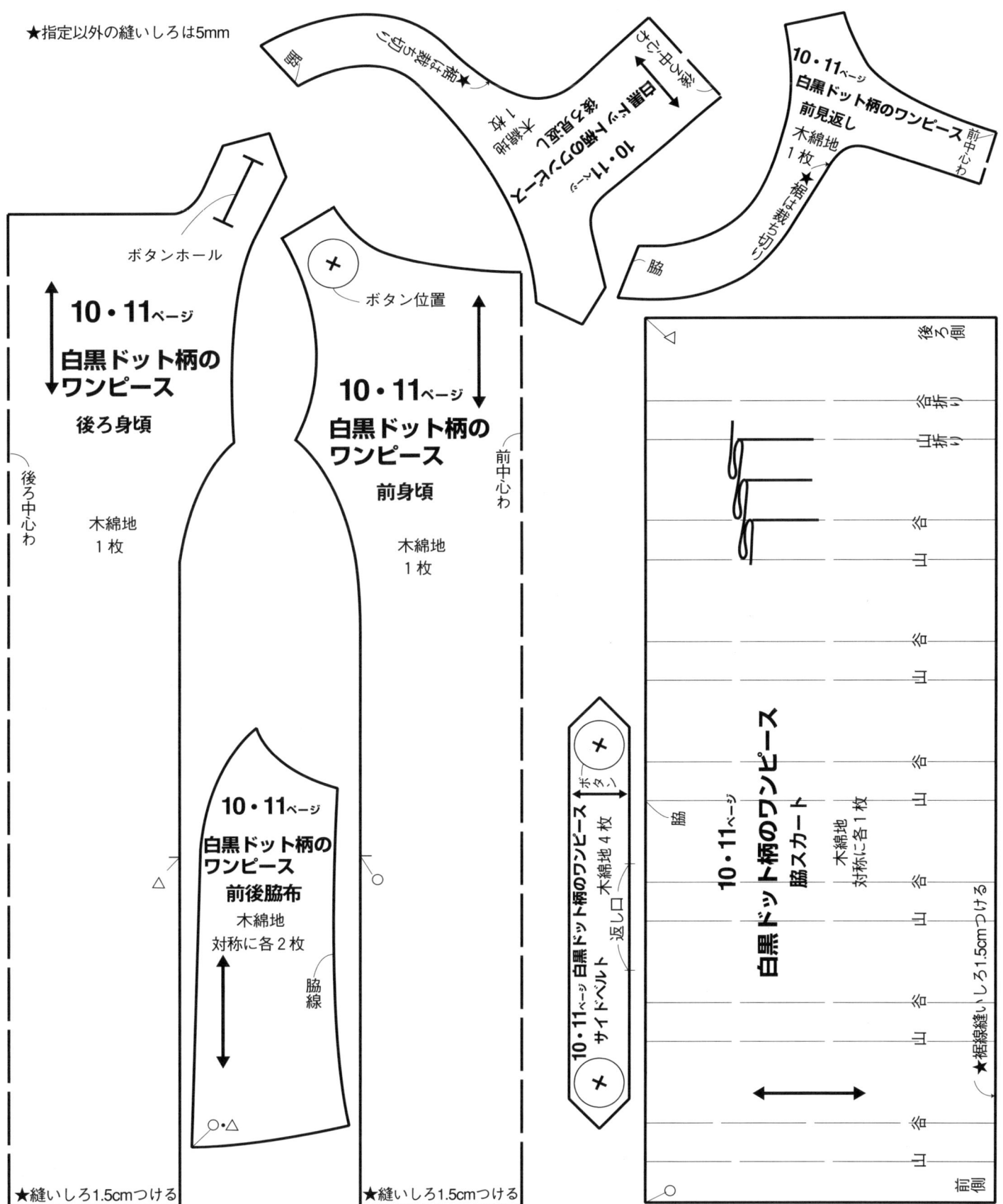

★指定以外の縫いしろは5mm

10・11ページ
白黒ドット柄の
ワンピース
後ろ身頃

木綿地
1枚

ボタンホール

後ろ中心わ

ボタン位置

10・11ページ
白黒ドット柄の
ワンピース
前身頃

木綿地
1枚

前中心わ

10・11ページ
白黒ドット柄の
ワンピース
前後脇布

木綿地
対称に各2枚

脇線

衿ぐり見返し

10・11ページ
白黒ドット柄のワンピース
後ろ見返し
1枚

10・11ページ
白黒ドット柄のワンピース
前見返し
1枚

木綿地
前中心わ

脇

10・11ページ 白黒ドット柄のワンピース
サイドベルト
木綿地 4枚
返し口

10・11ページ
白黒ドット柄のワンピース
脇スカート
木綿地
対称に各1枚

後ろ側

山折り
谷折り

脇

前側

★裾線縫いしろ1.5cmつける

★縫いしろ1.5cmつける

★縫いしろ1.5cmつける

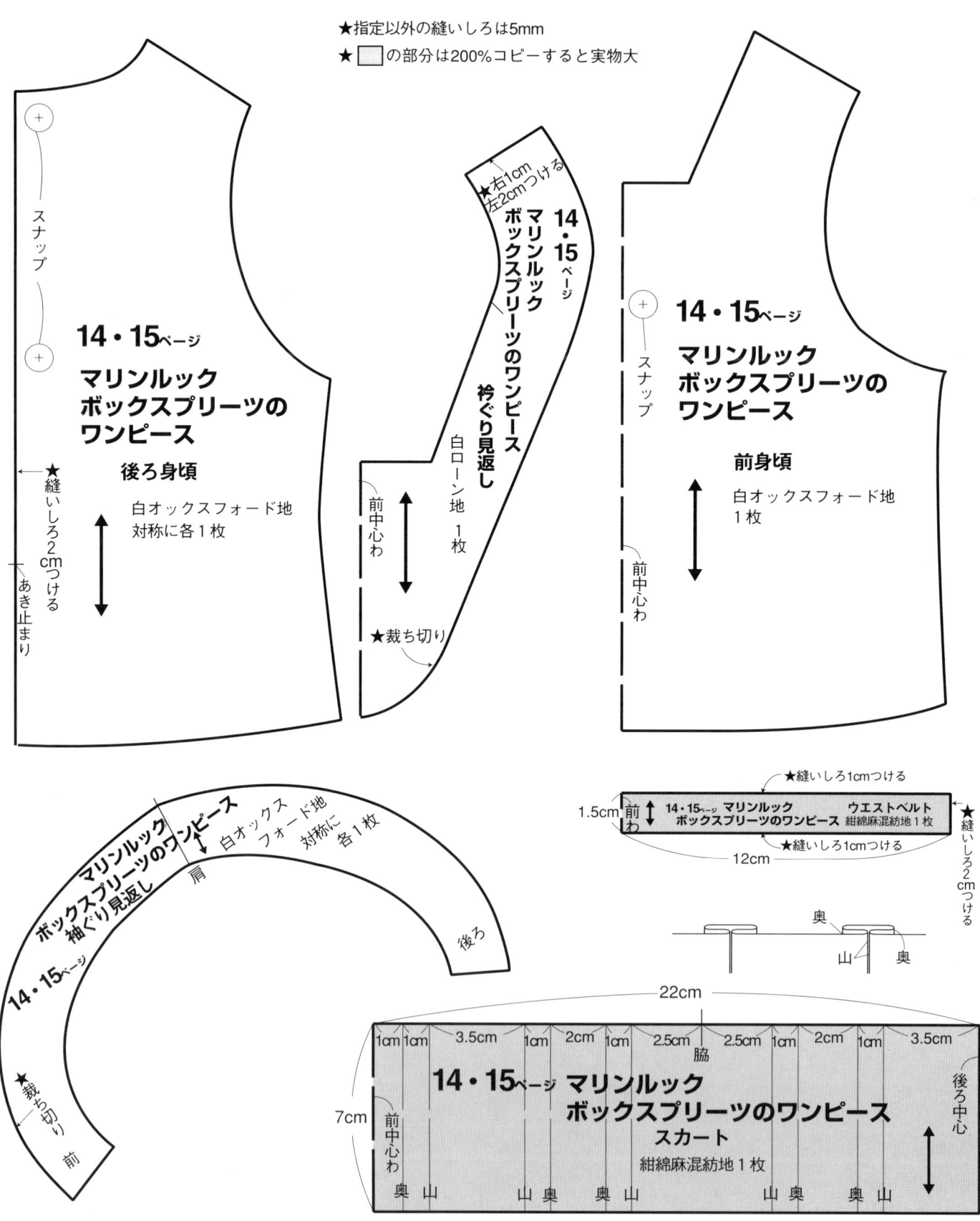

★指定以外の縫いしろは5mm

★ ▢ の部分は200%コピーすると実物大

14・15ページ マリンルック ボックスプリーツのワンピース 後ろ身頃
白オックスフォード地 対称に各1枚

スナップ

★縫いしろ2cmつける
あき止まり

★右1cmつける 左2cmつける
14・15ページ マリンルック ボックスプリーツのワンピース 衿ぐり見返し
白ローン地 1枚
前中心わ
★裁ち切り

14・15ページ マリンルック ボックスプリーツのワンピース 前身頃
白オックスフォード地 1枚
スナップ
前中心わ

マリンルック ボックスプリーツのワンピース 14・15ページ 袖ぐり見返し
白オックスフォード地 対称に各1枚
肩
後ろ
前
★裁ち切り

★縫いしろ1cmつける
14・15ページ マリンルック ボックスプリーツのワンピース ウエストベルト 紺綿麻混紡地1枚
1.5cm 前わ
★縫いしろ2cmつける
★縫いしろ1cmつける
12cm

奥 山 奥

22cm

1cm 1cm 3.5cm 1cm 2cm 1cm 2.5cm 脇 2.5cm 1cm 2cm 1cm 3.5cm

7cm
前中心わ
14・15ページ マリンルック ボックスプリーツのワンピース スカート 紺綿麻混紡地1枚
後ろ中心

奥 山 山 奥 奥 山 山 奥 奥 山 奥 山

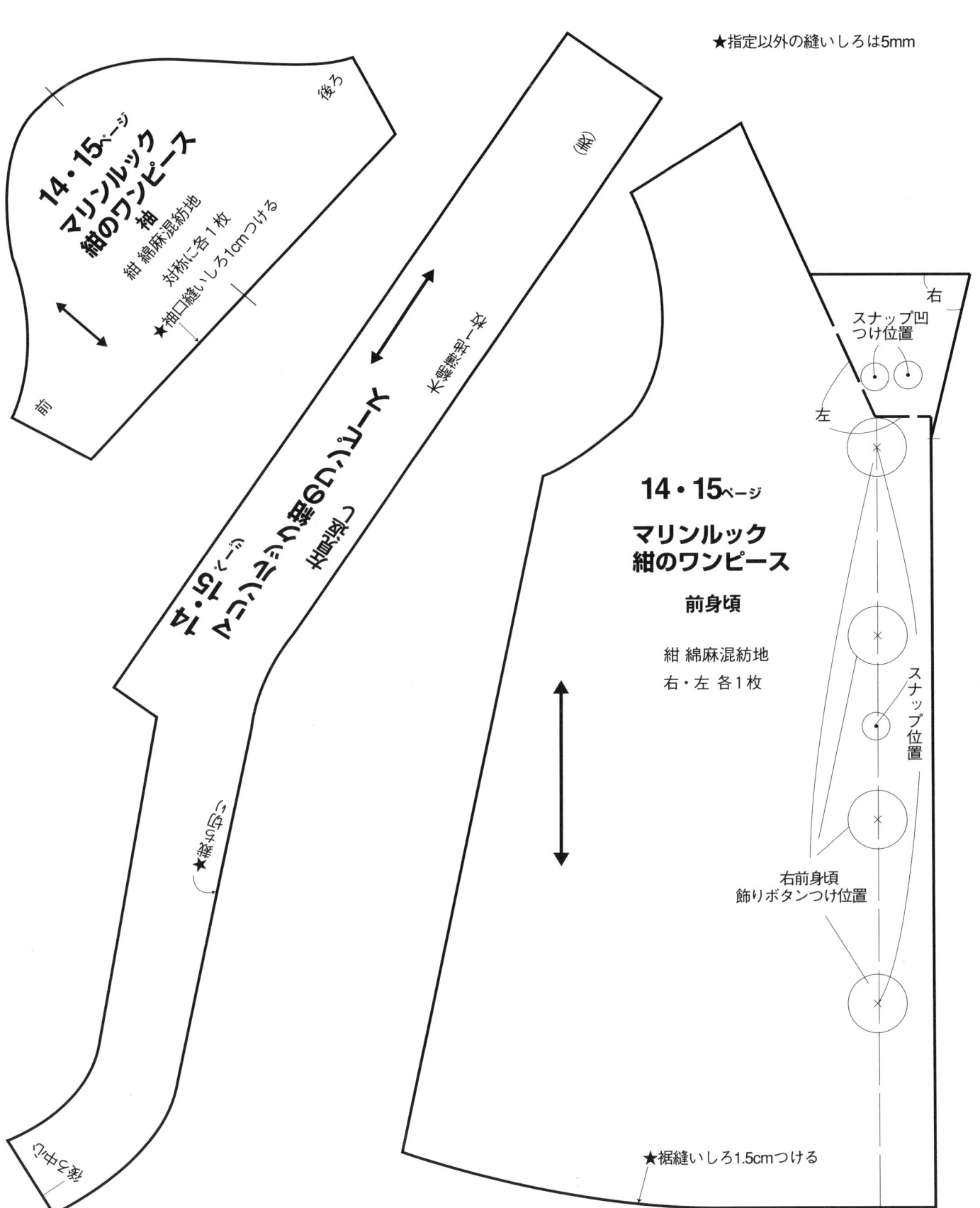

★指定以外の縫いしろは5mm

14・15ページ
マリンルック
紺のワンピース
袖

紺 綿麻混紡地
対称に各1枚
★袖口縫いしろ1cmつける

14・15ページ
マリンルック
紺のワンピース
前身頃

紺 綿麻混紡地
右・左 各1枚

後ろ

前

（裾）

右

左

スナップ凹
つけ位置

スナップ位置

右前身頃
飾りボタンつけ位置

★裾縫いしろ1.5cmつける

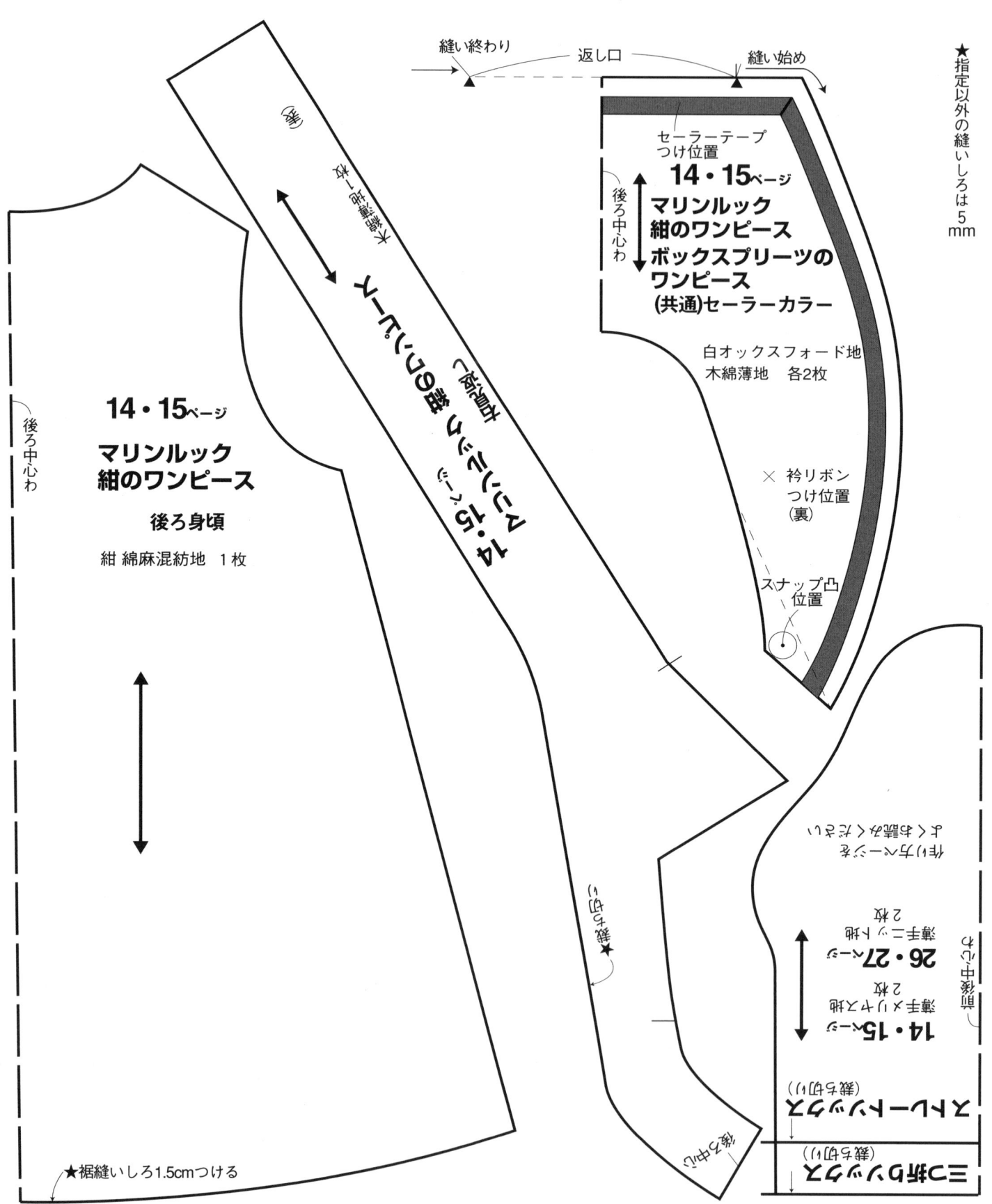

縫い終わり　　返し口　　縫い始め

★指定以外の縫いしろは5mm

セーラーテープつけ位置

後ろ中心わ

14・15ページ
マリンルック
紺のワンピース
ボックスプリーツの
ワンピース
(共通)セーラーカラー

白オックスフォード地
木綿薄地　各2枚

× 衿リボンつけ位置(裏)

スナップ凸位置

後ろ中心わ

14・15ページ
マリンルック
紺のワンピース
後ろ身頃
紺 綿麻混紡地　1枚

(わ)

★裾縫いしろ1.5cmつける

76

コピーして切って使える実物大型紙
20・21ページの作品

★アップリケは裁ち切り、他の縫いしろは5mm

20・21ページ
黒のタートルネックセーター
後ろ身頃
黒薄手ニット地　1枚

後ろ中心わ

20・21ページ
黒のタートルネックセーター
前身頃
黒薄手ニット地　1枚

前中心わ

20・21ページ
チェックのジャンパースカート
アップリケの図案（実物大）

黒フェルト
黒フェルト
生成りフェルト
ダークオレンジフェルト
モスグリーンフェルト
目立たない糸でたてまつりまたはボンドで貼る

20・21ページ
黒のタートルネックセーター
折り山
↑袖口リブ
黒薄手ニット地　2枚

20・21ページ
黒のタートルネックセーター
衿
黒薄手ニット地　1枚
折り山
前中心わ

20・21ページ
黒のタートルネックセーター
袖
黒薄手ニット地　対称に各1枚

前　　　後ろ

20・21ページ
黒のタートルネックセーター
裾リブ
黒薄手ニット地　1枚
折り山
前中心わ

★指定以外の縫いしろは5mm

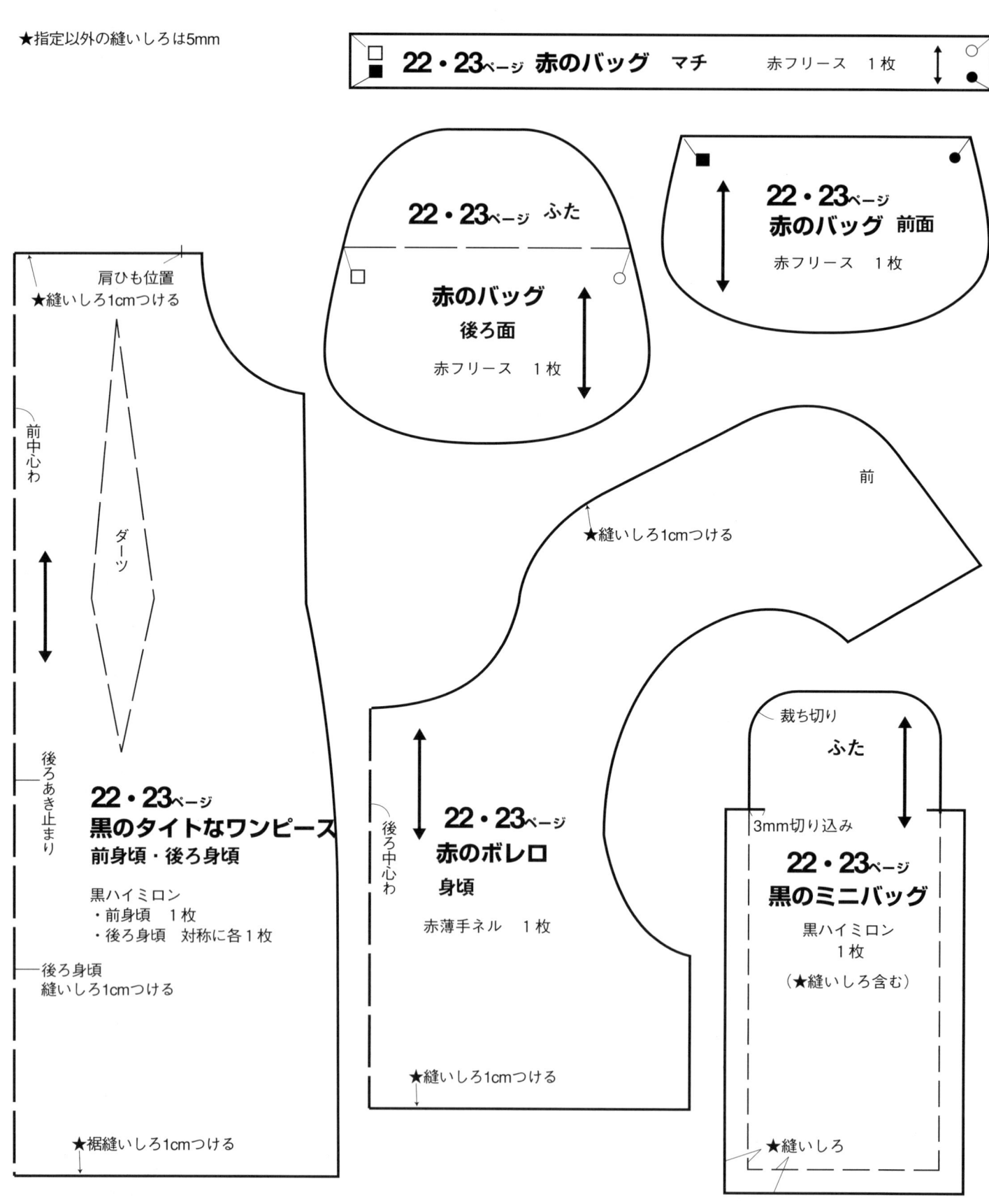

□
■ **22・23**ページ **赤のバッグ** マチ　　赤フリース　1枚

22・23ページ　ふた

赤のバッグ
後ろ面

赤フリース　1枚

22・23ページ
赤のバッグ　前面

赤フリース　1枚

肩ひも位置
★縫いしろ1cmつける

前中心わ

ダーツ

後ろあき止まり

22・23ページ
黒のタイトなワンピース
前身頃・後ろ身頃

黒ハイミロン
・前身頃　1枚
・後ろ身頃　対称に各1枚

後ろ身頃
縫いしろ1cmつける

★裾縫いしろ1cmつける

★縫いしろ1cmつける

前

後ろ中心わ

22・23ページ
赤のボレロ
身頃

赤薄手ネル　1枚

★縫いしろ1cmつける

裁ち切り

ふた

3mm切り込み

22・23ページ
黒のミニバッグ

黒ハイミロン
1枚

（★縫いしろ含む）

★縫いしろ

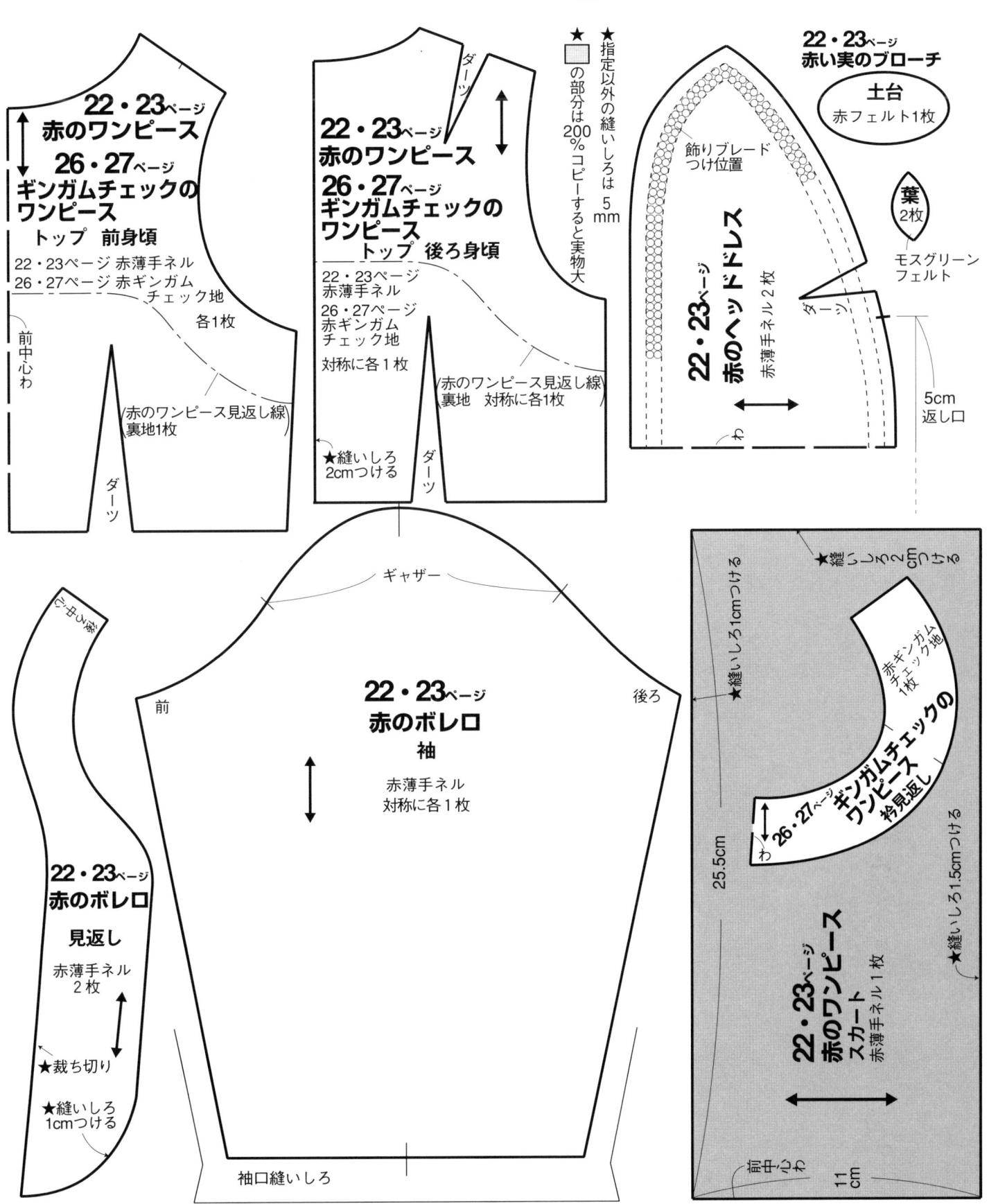

22・23ページ
赤のワンピース
26・27ページ
ギンガムチェックの
ワンピース
トップ　前身頃
22・23ページ 赤薄手ネル
26・27ページ 赤ギンガム
チェック地
各1枚
前中心わ
赤のワンピース見返し線
裏地1枚
ダーツ
ダーツ

22・23ページ
赤のワンピース
26・27ページ
ギンガムチェックの
ワンピース
トップ　後ろ身頃
22・23ページ
赤薄手ネル
26・27ページ
赤ギンガム
チェック地
対称に各1枚
赤のワンピース見返し線
裏地 対称に各1枚
★縫いしろ
2cmつける
ダーツ
ダーツ

★指定以外の縫いしろは5mm
の部分は200%コピーすると実物大

22・23ページ
赤い実のブローチ
土台
赤フェルト1枚

葉
2枚
モスグリーン
フェルト

飾りブレード
つけ位置
22・23ページ
赤のヘッドドレス
赤薄手ネル2枚
わ
ダーツ
5cm
返し口

ギャザー
前
後ろ

22・23ページ
赤のボレロ
袖
赤薄手ネル
対称に各1枚

22・23ページ
赤のボレロ
見返し
赤薄手ネル
2枚
★裁ち切り
★縫いしろ
1cmつける

袖口縫いしろ

★縫いしろ2cmつける
★縫いしろ1cmつける

赤ギンガム
チェック地
1枚
26・27ページ
ギンガムチェックの
ワンピース
衿見返し
わ

★縫いしろ1.5cmつける

25.5cm

22・23ページ
赤のワンピース
スカート
赤薄手ネル1枚

前中心わ
11cm

コピーして切って使える実物大型紙

26・27ページの作品

★指定以外の縫いしろは5mm

★ ▨ の部分は200%コピーすると実物大

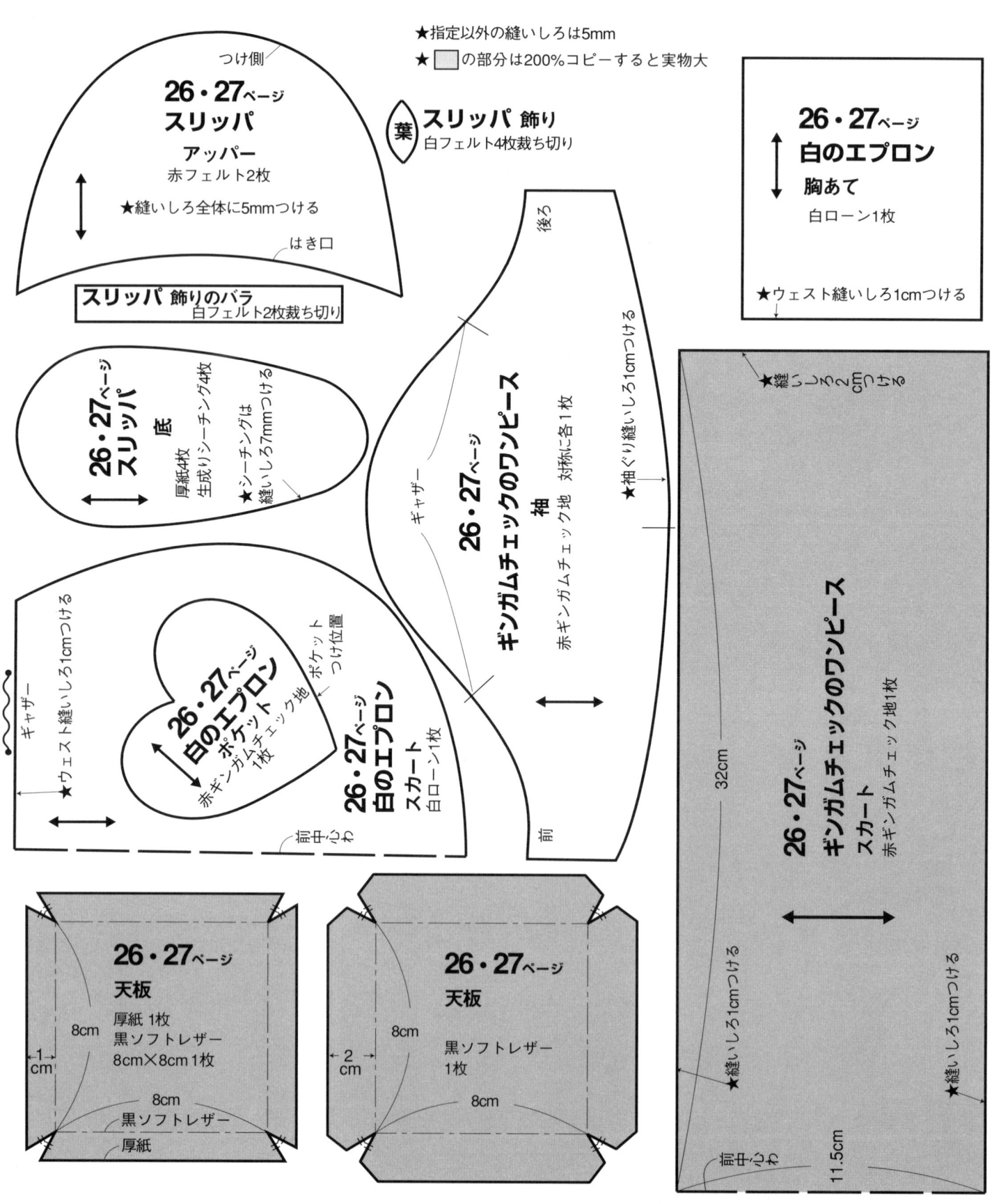

26・27ページ スリッパ
アッパー
赤フェルト2枚
★縫いしろ全体に5mmつける

つけ側

はき口

葉 スリッパ 飾り
白フェルト4枚裁ち切り

26・27ページ 白のエプロン
胸あて
白ローン1枚
★ウェスト縫いしろ1cmつける

スリッパ 飾りのバラ
白フェルト2枚裁ち切り

26・27ページ スリッパ
底
厚紙4枚
生成シーチング4枚
★シーチングは縫いしろ7mmつける

26・27ページ 白のエプロン
ポケット
赤ギンガムチェック地 1枚

26・27ページ 白のエプロン
スカート
白ローン1枚

ポケットつけ位置

ギャザー

★ウェスト縫いしろ1cmつける

前中心合わせ

26・27ページ ギンガムチェックのワンピース
袖
赤ギンガムチェック地 対称に各1枚
★袖ぐり縫いしろ1cmつける

後ろ

ギャザー

前

26・27ページ ギンガムチェックのワンピース
スカート
赤ギンガムチェック地1枚

★縫いしろ2cmつける

32cm

★縫いしろ1cmつける

★縫いしろ1cmつける

11.5cm

前中心合わせ

26・27ページ 天板
厚紙 1枚
黒ソフトレザー
8cm×8cm1枚

8cm

1cm

8cm

黒ソフトレザー

厚紙

26・27ページ 天板
黒ソフトレザー
1枚

8cm

2cm

8cm

出版情報◆日本ヴォーグ社発
わたしのドールブック

「わたしのドールブック」シリーズは各種のお人形と手作りを楽しむ本。テーマ別編集で刊行しています。
長期販売の本は完売することがありますのでご容赦ください。

●お人形の本はお近くの書店でも取り寄せてもらえます。書名を言って注文してください。
●直送ご希望の方は下記の要領でお申し込み下さい。約1週間〜10日でお届けいたします。●書店・通信販売にない商品をインターネットでお取り扱いできる場合があります。
http://www.tezukuritown.com 「本屋さん」をご覧ください。

ジェニー

やさしい作品のファンへ

和田恵美子 作品

ジェニーno.2
手作りドレス教室
AB判／100頁／NV5748
定価1,260円 ISBN4-03097-0
ヴォーグ学園で教材になったジェニーの洋服が手づくりできる、ハウツーブック。実物大型紙つき。作品38点。

本格洋服好きの方必携

加藤福代・加藤寿子 作品

ジェニーno.5
ロングドレス
AB判／84頁／NV5732
定価1,260円 ISBN4-03085-7
憧れの華やかなロングドレスを24点掲載。どこにでもある布で誰にでも作れる基本作品つきです。

加藤福代・加藤寿子 作品

ジェニーno.18
カジュアルウェア
AB判／110頁／NV4094
定価1,890円 ISBN4-04044-9
最新の時代衣裳である現代カジュアル服（男女ペア）の作り方・型紙・コーディネートをていねいに紹介します。

着物ファン必携

加藤福代・加藤寿子 作品

ジェニーno.3
ゆかたと着物
AB判／90頁／NV5803
定価1,155円 ISBN4-03176-4
独自の型紙考案で、美しいミニチュアサイズの和服の作り方を掲載。着つけ、髪型も紹介します。

加藤福代・加藤寿子 作品

ジェニーno.13
十二単と花嫁衣裳
AB判／84頁／NV3928
定価1,470円 ISBN4-03535-2
十二単、衣冠束帯、狩衣、水干、能衣装、裃、巫女服、打掛、紋付羽織袴。代表的和服を縫って着付けます。

舞台の感動を手仕事で味わう本

本多淑人 作品

ジェニーno.16
フランス人形風ドレス
AB判／68頁＋巻末型紙／NV4017
定価1,470円 ISBN4-03876-9
昭和初期に家庭を飾った「フランス人形風衣装。舞台・舞踊テーマもあり、簡単に作る工夫も紹介します。

除川花音 作品

ジェニーno.19
バレエの衣装
AB判／102頁／NV4111
定価1,575円 ISBN4-04045-3
「白鳥の湖」「くるみ割り人形」など有名な作品の衣装が次々に出てきます。

入門からマニアの方にもお勧め

新刊

ジェニーファッションクラブ総集編
AB判／408頁／NV6343
定価3,000円 ISBN4-04077-1
ジェニーの手作りの単行本（'85〜'89）発行の5冊が絶版になったため、まとめて1冊で紹介。ブームの先駆けになった時期の発行で、初期ジェニーの情報を見ることができる上、遊びの質が若く、かんたんな手遊びや創意工夫の情報も多い。入門からマニアの方にお勧めです。

髪あそび

加藤福代・加藤寿子 作品

新刊

ジェニーno.20
髪あそび
AB判／84頁／NV4174
定価1,575円 ISBN4-04161-1
着せ替えは、髪型と衣服を合わせると、格段におもしろさ奥深さがでます。かんたんな形で髪の扱いになれ、徐々にステップアップしましょう。

手ぬいファン向け

吉川雅子 作品

ジェニーno.17
かんたん手ぬい服
AB判／84頁／NV4020
定価1,470円 ISBN4-03879-3
身近な材料と、少しの手ぬいでちょこっと手ぬいを楽しむ、かんたん服の作り方と、その組み合わせ着・簡単工作で遊べる小物などを掲載します。

リカちゃん

作りやすくて形よい作品集

和田恵美子 作品

リカちゃんno.4
手作りドレス
AB判／84頁／NV3781
定価1,260円 ISBN4-03242-6
リカちゃんと幼稚園児用の基本的なアイテムからお姫様ドレスまで実物大型紙つきで掲載しました。

のせえみこ 作品

リカちゃんno.8
手作りごっこあそび
AB判／84頁／NV3909
定価1,260円 ISBN4-03532-8
リカちゃんと家族、お友達の間で楽しい手作りごっこ遊びをしましょう。あこがれで仲良しのママも大活躍。

のせえみこ 作品

リカちゃんno.10
かんたんお姫さまドレス
AB判／84頁／NV3961
定価1,260円 ISBN4-03685-5
憧れのお姫さまドレスを手作りでリカちゃんと妹達にプレゼント。簡単〜豪華版まで、手ぬい中心に多数掲載しました。

洋服・小物・シーン作りが楽しい本

吉川雅子 作品

ゆかたときもの掲載

リカちゃんno.2
手作りふだん着
AB判／84頁／NV3739
定価1,260円 ISBN4-03084-9
気軽に簡単にできる服をたくさんあわせて、組み合わせを存分に楽しめる本です。着せ替えを存分に楽しめる本です。

吉川雅子 作品

リカちゃんno.5
みんなの手作りおしゃれ着
AB判／84頁／NV3815
定価1,260円 ISBN4-03340-6
キーホルダーのリカちゃんとワタルくんのすてきなドレス作り、幼稚園児用のアイテムも紹介します。

吉川雅子 作品

ゆかたときもの掲載

リカちゃんno.9
制服と仕事着
AB判／84頁／NV3910
定価1,260円 ISBN4-03533-6
通学服やスポーツウェア、アルバイトや職業服・転職や転職の着せ替えで体験！リカサイズ＋幼稚園サイズも掲載しました。

小森桃子 作品

リカちゃんno.11
カジュアル＆キュート服
AB判／84頁／NV3964
定価1,260円 ISBN4-03708-8
パンク風やレトロ風、カジュアルな小物で、新鮮な表情のリカちゃんを楽しみましょう。

はじめての方にお勧め

和田恵美子 作品

リカちゃんno.1
フエルトあそび
AB判／68頁／NV5746
定価1,040円 ISBN4-03094-6
子供から大人までフエルト手芸で遊ぶ本。小物、人形、お店等を作る。16テーマ約50点を紹介します。

のせえみこ 作品

リカちゃんno.12
手作り着せ替えドレス基本と応用
AB判／84頁／NV3989
定価1,260円 ISBN4-03838-6
着せ替え服を作れるようになりたい方に最適。基本数点を写真中心でくわしく説明します。おしゃれな応用編つきです。

絵本ファンにお勧め

小森桃子 作品

リカちゃんno.13
絵本のドレス 手づくり
AB判／102頁／NV4094
定価1,575円 ISBN4-04016-X
赤ずきんちゃん、アリス、アン、ハイジなど、定番のお話の登場人物を小森桃子デザインで楽しむ、リカちゃんの手づくりドレス作りの絵本です。

齋藤香織 作品

新刊

リカちゃんno.14
ゆめみる少女のお洋服
AB判／84頁／NV4154
定価1,575円 ISBN4-04124-7
ある朝、リカちゃんが目を覚ますと…。夢の中に登場する人々の衣装を齋藤香織デザインで楽しむ、リカちゃんのドレス作り本です。

ビスクドール

自分で作れるお人形＆ドレス

古関くに子 作品

古関くに子の
ビスクドール入門
AB判／98頁／NV6231
定価3,150円 ISBN4-03836-X
憧れのビスクドール・ジュモーやブリュを、お人形も着せ替え服も手作りできる入門書。写真を多用して詳細に説明します。

市松人形

お人形に本格的な着物を

斉藤恵美子 作品

斉藤恵美子の市松人形
着物教室 ひとえ
AB判／88頁／NV6337
定価3,150円 ISBN4-04071-2
市松人形の着物を縫って着せ替えを楽しみましょう。初めての方も縫えるよう、本格好みの方も満足いくよう、詳細に縫い方を説明します。

布で作るお人形

布による手作り人形

斎藤千里 作品

新刊

ヴァリエ ドール
布で作るお人形
AB判／100頁／NV6390
定価1,680円 ISBN4-04193-X
お人形を、身近な布で手作りしよう。肌触りのよいボディ3種類と、簡単に差し替え可能な数種類のヘッドで、たくさんの表情が楽しめます。

通信販売のお申し込み方法

TEL.0120-923-258
（受付時間9:00〜17:00／日・祝休）

FAX.0120-923-147
（24時間受付）

＊書名・NVコード・冊数・お名前・郵便番号・ご住所・お電話番号・年齢をお伝え下さい。

お支払い方法

●お支払いは商品に同封の振り込み用紙にて商品到着後1週間以内に郵便局またはコンビニエンスストアでお振込下さい。

●送料は1回の注文につき送料の一部として315円（税込）のご負担をお願い致します。

●乱丁落丁本・配送中の事故で破損汚損した本は、小社責任で交換いたします。ご連絡をお願いします。

TEL.03-5261-5080

著者情報◆斉藤千里さん発

著者◎斉藤千里
10年ほど前から
カントリードールを作り始める。
「カントリークラフト」誌を中心に
ドールや布小物などを発表。
また、サンフェルト（株）や
藤久（株）オリジナルの
フェルト小物キットの
デザインを手がける。
一男二女の母。
http://www.tcat.ne.jp/~variekko/

少女の夢を形に変えて…

私は子供のころから絵を描くことや
ものを作ることが大好きでした。
ひまさえあれば、折り紙を折り
ぬり絵をし、紙人形を作って遊んでいました。
雪に降り込められる北国の冬には
そんな事をいつまでも続けさせてくれる
時間がありました。
そのころから、いつか表現者になりたい
という、ほのかな思いを抱き続けていたように思います。

ミッドセンチュリー生まれの私にとって
手作りはいつも自然に、身近にありました。
家族の枕カバーやパジャマ、夏の普段着に
子供用の小さなバッグ。
これらは当時どこの家庭でも
お母さんが手作りしていました。
ここぞというときのおしゃれ着は
スタイルブックをあれこれめくり
近所の仕立て屋さんにお願いしていました。
それは思い出の中のとても大切な時代です。

そんな時代の少女の夢を
ほんのちょっぴり匂わせる布のお人形が
私の手から生まれてくれたことに感謝しています。
とても多くの方のお力添えを得て
この本はできあがりました。
その方々に深く深く感謝します。
そしておそらく、その心のどこを切っても
どれだけ深く掘っても、
私を応援する思いがいっぱいに詰まっているであろう
両親にこの本をささげます。

斉藤　千里

あなたに感謝しております
We are grateful

手づくりの大好きなあなたが、
この本をお選びくださいまして
ありがとうございます。
内容の方はいかがでしょうか？
本書が少しでもお役に立てば、
こんなにうれしいことはありません。
日本ヴォーグ社では、
手づくりを愛する方とのおつき合いを大切にし、
ご要望におこたえする商品、
サービスの実現を常に目標としています。
小社および出版物について、
何かお気付きの点やご意見がございましたら、
何なりとお申し出ください。
そういうあなたに私共は常に感謝しております。

日本ヴォーグ社　社長　瀬戸信昭
voice@tezukuritown.com

手づくりを応援するホームページ
http//www.tezukuritown.com

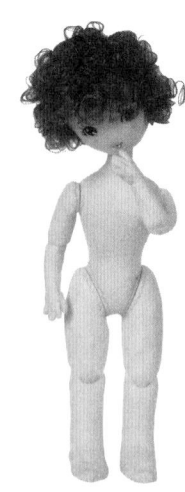